Recupera
tu
vida

Recupera tu vida

HÁBITOS COTIDIANOS PARA UN MUNDO ENLOQUECIDO

JOHN ELDREDGE

GRUPO NELSON
Desde 1798

NASHVILLE   MÉXICO D.F.   RÍO DE JANEIRO

*Para Brian Hampton, amigo y camarada desde
el principio. Nos vemos pronto, amigo.*

Que el Hijo de Dios, que ya está formado en ti, crezca en ti, de modo que por ti llegue a ser inmensurable y se convierta —para ti— en risa y júbilo, la plenitud del gozo que nadie podrá quitarte.

—ISAAC DE STELLA

CONTENIDO

Introducción

EL RESCATE

Estamos viviendo una locura y debemos llamarla como lo que es, pues nos está tomando como rehenes.

Lo primero es el vertiginoso ritmo de la vida.

Les envié un mensaje de texto a unos amigos diciéndoles algo que era realmente importante para mí. Me respondieron con unas pequeñas figuritas, llamadas *emojis*, de aprobación. Me dije: *¿Eso es todo? ¿Ni siquiera pueden contestar un texto con otro?* Los correos electrónicos parecían muy eficientes cuando sustituyeron a las cartas. Al surgir los mensajes de texto, parecían combustible para cohetes. Pero no hicieron nuestras vidas más holgadas, sino que nos vimos obligados a mantener el ritmo. Ahora estamos viviendo a la velocidad del comentario instantáneo y los «me gusta», avanzando tan rápido que escribir una sola frase resulta engorroso. A todos los que les he mencionado esto me responden con que ahora se sienten más sobrecargados que nunca. Mis amigos músicos ya casi no tocan sus instrumentos; mis amigos jardineros ya no tienen tiempo para atender sus plantas. En cuanto a mí, normalmente tengo ocho libros comenzados y en ninguno de ellos he pasado del primer capítulo.

Nos ha absorbido un ritmo de vida que nadie disfruta.

Luego está la avalancha de medios que nos llegan en una especie de fascinante hechizo digital.

Pasamos tres horas al día usando aplicaciones de nuestros teléfonos, diez horas viendo los medios y consumiendo semana tras semana suficiente información como para bloquear una computadora portátil.[1] Decimos que nos vamos a desconectar, pero no lo hacemos porque estamos embobados con el interminable circo de amor y odio de las redes sociales, lo insípido, alarmante, sensacional e imperdonable. Cada nueva notificación nos atrapa. Y, como si fuera poco, además de que tenemos que seguir bregando con nuestras propias luchas y conflictos individuales, nos echamos encima las tragedias del mundo entero que nos llegan cada hora a través de nuestros dispositivos móviles.

Todo esto es muy duro para el alma. Más aún, es agobiante. Exponernos a cosas como esas puede traumatizarnos, ya que estamos recibiendo mucha información de ese tipo.[2] Es como si hubiésemos sido arrastrados al campo gravitacional de un agujero negro digital que está consumiéndonos la vida.

Así están las cosas. Todo el mundo habla del asunto, pero lo que me hizo sonar las alarmas fue lo que me estaba ocurriendo a mí *como persona*.

Me estremecí un día en que un amigo me envió un mensaje de texto preguntándome si podíamos reunirnos. Me costó abrir mi buzón del correo electrónico por miedo a las demandas que podría

INTRODUCCIÓN

contener. Perdía la paciencia en el tráfico. Me sentí insensible a las noticias trágicas. El mensaje de ese amigo hizo que me preguntara: *¿Me estaré convirtiendo en una persona poco amable?* Me di cuenta de que estaba disminuyendo el espacio para mis amistades y las cosas que estimulan mi vida: una caminata al aire libre, una cena con amigos, un chapuzón en las frías aguas de un lago en la montaña. Cuando lograba robar un poco de tiempo para algo que me estimulara, me distraía tanto que no lo disfrutaba.

Entonces me di cuenta de que no se trataba de una falta de amor o de amabilidad. Eran síntomas de un alma demasiado presionada, agotada, debilitada, destruida. Mi alma no puede acoplarse a la velocidad de los teléfonos inteligentes. Pero yo la estaba forzando a hacerlo; todos lo hacen.

Supongo que habrás experimentado algo parecido. ¿Elegiste este libro porque tu alma está buscando algo? ¿Eres consciente de lo que buscas? ¿Cómo calificarías tu alma en estos tiempos?

¿Eres feliz la mayor parte del tiempo?
¿Con qué frecuencia te sientes contento?
¿Te emocionas al pensar en tu futuro?
¿Sientes que te aman?
¿Cuándo fue la última vez que te sentiste libre de preocupaciones?

Lo sé. No debería ni preguntar. Nuestras almas están tristes, insensibles, decaídas. Aún son capaces de amar, sí; todavía pueden abrigar esperanzas y soñar. Pero al final de un día cualquiera, regresamos a casa exhaustos sin haberlo disfrutado. Como dijo Bilbo

Baggins, «Nos sentimos abrumados, como mantequilla untada sobre demasiado pan».³

El mundo se ha vuelto completamente loco y está tratando de apoderarse de nuestras almas.

Ahora, si tuviésemos más de Dios nos ayudaría realmente. Podríamos recurrir a su amor y a su fuerza, a su sabiduría y a su poder de recuperación. Después de todo, Dios es la fuente de vida (Salmos 36:9). Si tuviésemos más de su espléndida vida bullendo en nosotros, sería un rescate en esta hora abrasadora.

Sin embargo, este frenético e inestable mundo siempre está marchitando nuestras almas, secándolas como una pasa y haciendo que sea casi imposible *recibir* la vida que Dios está derramando.

A eso se le llama doble dificultad.

Yo traté de encontrar más de Dios, consciente de que con solo tener una mayor medida de su vida en mí, podría desplazarme por este escabroso terreno. Y lo hice echando mano a los recursos habituales: oración, adoración, escritura, sacramento. Pero aun así me sentía... no sé... de alguna manera superficial. Era como beber a Dios a sorbitos, no a grandes tragos; como vadear en lugar de nadar. Mi alma se sentía como un charco poco profundo, aunque sé muy bien que no lo es; más bien es muy hondo y vasto, capaz de sinfonías y de un valor épico. Quería nutrir mi vida de esos lugares profundos, pero me sentía atrapado en los bajíos.

No es casualidad que uno de los libros más importantes de nuestro mundo —y que trata de lo que la tecnología le está haciendo a nuestro cerebro—, se llame *The Shallows: What the Internet Is Doing to Our Brains* [Superficiales: ¿qué está haciendo Internet con nuestras mentes?]. Estamos perdiendo nuestra capacidad de concentración;

prestamos atención por unos pocos momentos. Nuestras mentes se conforman con la profundidad del texto, el golpe de efecto, el «me gusta».[4] Esto no es solo un problema intelectual; es también una crisis espiritual. Es bastante difícil escuchar «un llamado profundo a lo insondable»[5] cuando este mundo frenético nos obliga a permanecer en las aguas poco profundas de nuestros propios corazones y almas.

Jesús escuchó hasta mis oraciones superficiales; acudió a mi rescate y comenzó a guiarme a una serie de ayudas y prácticas, que yo habría de llamar gracias. Cosas simples, como una pausa de un minuto; cosas que eran accesibles y sorprendentes en su poder de restauración, como aprender el «desapego benevolente», que no es otra cosa que la capacidad de dejar pasar las cosas; permitirme un poco de calma en mi día, en vez de pasar corriendo de una cosa a otra; beber en la belleza que Dios estaba proporcionándome en momentos tranquilos. Mi alma comenzó a recuperarse, a sentirse mejor, a perfeccionarse, como quieras describirlo. Empecé a disfrutar mi vida con Dios mucho más. Por último, estaba experimentando el «más» de él que tanto había deseado. Empecé a recuperar mi vida.

Luego uní los puntos...

Dios *quiere* alcanzarnos y restaurar nuestras vidas. En realidad quiere hacerlo. Pero si nuestras almas no están bien, es casi imposible que tal cosa ocurra. El suelo seco y chamuscado no puede absorber la lluvia que necesita.

Como explicó C. S. Lewis: «El alma no es más que un vacío que Dios llena».[6] En lugar de un *vacío*, me gusta más la palabra *vaso*, o vasija, algo más hermoso y artístico. Nuestras almas son cántaros exquisitos creados por Dios para que él los sature. Me imagino un cántaro redondo en la parte superior de una elegante fuente, con

agua que se derrama por todos lados, fluyendo con vida incesante.
¿No fue esa la promesa? «De aquel que cree en mí, como dice la
Escritura, brotarán ríos de agua viva» (Juan 7:38).

Y se deduce que si podemos recibir ayuda para restaurar y
renovar nuestras almas asediadas y cansadas, disfrutaremos de los
frutos (que son muchos y maravillosos) de las almas felices y también podremos recibir más de Dios (que es aún más maravilloso).
Encontraremos la vitalidad y la resistencia que anhelamos como
seres humanos, las aguas vivas que brotan desde lo más profundo. Y
entonces, ¡recuperaremos nuestras vidas!

No obstante, el proceso debe ser accesible y sostenible. Hemos
intentado con ejercicios, dietas, programas de estudio bíblico que
comenzaron con bríos y empuje, pero que con el paso del tiempo
fueron quedando a un lado, perdidos en el caos. Tengo una mem-
bresía en un gimnasio pero rara vez la uso. Están los libros que no
he terminado, además de una cantidad de pódcast. Ten la seguridad de que las gracias que estoy ofreciendo aquí están al alcance de
una vida normal. Creo que las encontrarás sencillas, sostenibles y
refrescantes.

Dios quiere fortalecer y renovar tu alma; Jesús anhela darte más
de sí mismo. Ven, cansado y cargado. «Vengan a mí todos ustedes
que están cansados y agobiados, y yo les daré descanso. Carguen
con mi yugo y aprendan de mí [...] y encontrarán descanso para su
alma» (Mateo 11:28-30). Podrás recuperar tu vida; podrás vivir libre
y gozosamente. El mundo puede ser duro, pero Dios es tierno; él
sabe cómo es tu vida. Lo que debemos hacer es ubicarnos en lugares
que nos permitan recibir su ayuda. Permíteme enseñarte cómo.

Capítulo uno

LA PAUSA DE UN MINUTO

Sospecho que anoche tuvimos la visita de un león porque, esta mañana, los caballos estaban nerviosos, corriendo de un lado a otro, con el cuello encorvado, la cola en alto, gruñendo. Algo los había puesto en alerta máxima.

Mi esposa y yo tenemos dos caballos. Uno es un animal hermoso, de esos a los que algunos llaman pinto. Tiene manchas marrones y blancas, la crin blanca y la cola negra. Si viste la clásica película del oeste *Silverado*, viste a Kevin Costner montando un pinto. A los indios de las planicies les encantaba tanto el aspecto de ese tipo de caballos que literalmente pintaban los suyos para que parecieran manchados.[1]

Nuestro otro caballo es un bayo color marrón sólido, de crin y cola negras, con un pelaje tan hermoso y radiante que parece una piel de castor. Cuando nuestros hijos eran pequeños, llegamos a tener hasta ocho ponis, pero fuimos reduciendo la manada a un tamaño más manejable a medida que los muchachos empezaron a independizarse. Aun así, cuidar dos animales parece que supera nuestras posibilidades.

Los caballos son criaturas poderosas y magníficas, pero ellos no se ven así; interiormente se sienten *vulnerables*. Después de todo, son animales de presa como los alces y los ciervos, que desarrollaron su visión del mundo y sus habilidades de supervivencia en las llanuras de Norteamérica y de Europa, huyendo de los grandes animales que intentaban devorarlos. A finales del Pleistoceno, las planicies eran zonas de caza de enormes depredadores más grandes que un león africano, varios tipos de guepardos, terribles megaterios, lobos horrendos, osos voraces de cara pequeña, y una gran cantidad de tipos de alto calibre. Los caballos aprendieron a defenderse en un ambiente muy difícil para ellos, por lo que en su comportamiento hay mucho de algo como «pelea o huye».

Cuando llega el verano, mantenemos a los ponis en nuestra cabaña en el oeste de Colorado. Ahí abundan las amenazas para ellos: manadas de coyotes, osos negros, linces y leones montañeses. Gran cantidad de leones. En cierta ocasión en que cabalgaba tranquilamente, mi caballo salió disparado solo porque olió la presencia de un león. No había ninguno, pero los machos marcan su territorio con su olor. Mi caballo olfateó y salió volando, sin acordarse de que encima de él iba yo, dejándome en el suelo.

Los depredadores cazan al amparo de la oscuridad; por eso, desde el punto de vista del caballo, la noche requiere una vigilancia extrema. Cuando llega la mañana, a menudo necesitamos calmarlos antes de intentar montarlos, por lo que hacemos un «trabajo de base» para conseguir que se tranquilicen. Después de unos momentos, al sentirse conectados con nosotros, protegidos y seguros, exhalan por esas grandes fosas nasales un suspiro profundo, largo, maravilloso. Aflojan sus músculos y bajan la cabeza. Han desactivado el modo hipervigilante. Me encanta cuando hacen eso. Si trabajas con caballos, seguramente habrás sido testigo de ese gran suspiro.

Los humanos también suspiramos al sentirnos tranquilos y seguros en un buen lugar.

Apuesto a que tú también has experimentado ese suspiro. Llegas a casa después de un largo día de trabajo, te quitas los zapatos, buscas algo de beber, agarras una bolsa de papas fritas, te hundes en tu sillón favorito, buscas la posición más cómoda y esperas la llegada del maravilloso suspiro. Otras veces suspiramos ante algo excepcionalmente bello: un atardecer frente al mar; un lago cuyas calmadas aguas parecen de cristal. Esa belleza nos conforta y suspiramos. Todo parece bien. A veces, esa profunda y prolongada exhalación llega cuando recordamos una verdad preciosa. Leemos un versículo que nos recuerda cuánto nos ama Dios, nos calmamos y suspiramos mientras nuestra alma busca su comodidad. A mí me ocurrió eso esta mañana.

Es una buena señal, comoquiera que sea. Significa que estamos desactivando el modo hipervigilancia.

PELEAR O HUIR

Nosotros también vivimos en un mundo que activa nuestras almas con demasiada frecuencia. La complejidad de la vida moderna es alucinante: los constantes cambios en el terreno de lo social, el nivel de trauma que observamos en las vidas de las personas. Los típicos sonidos de una ciudad provocan en nosotros descargas de adrenalina a cada rato; ese murmullo grave, profundo y palpitante que sale del auto a cuatro carriles de distancia, y que sentimos por todo el cuerpo, no es tan diferente del retumbar de una lejana artillería. Gracias al teléfono inteligente y a la red, estamos enfrentándonos a diario a más información de la que tuvo que confrontar cualquier generación anterior. Y no es solo información; es también el sufrimiento de todo el planeta, en minucioso detalle, servido en nuestra alimentación de todos los días. Agrega a esto el ritmo al que la mayoría de nosotros estamos obligados a vivir. Todo eso deja muy poco margen para ese suspiro y las experiencias que lo provocan.

Vivimos en un estado espiritual y emocional equivalente a los caballos en las planicies a finales del Pleistoceno.

Esta mañana no puedo decir qué es lo que más hace mi alma, si pelear o huir. Pero sí sé esto: no me gusta el estado en el que me encuentro. Anoche no dormí bien (una de las muchas consecuencias de vivir en un mundo hipercargado), y después de que finalmente logré conciliar el sueño, pasé de largo. Me desperté tarde y, a consecuencia de eso, me he atrasado en todo.

Me apresuré a desayunar, salí corriendo para llegar a tiempo a algunas reuniones y ahora me siento agitado. No me gusta sentirme así y no me gustan las consecuencias. Cuando estoy agitado, me irrito fácilmente. Esta mañana no tuve paciencia para escuchar lo que mi esposa estaba tratando de decirme. Me resulta difícil la comunicación con Dios y no me gusta sentirme desconectado de él.

Después de todo este estado de agitación, me doy cuenta de que me habría gustado comer algo graso y azucarado; algo que me hicie- ra sentir mejor. Cuando estamos inquietos, nerviosos, agitados, la tendencia de nuestra naturaleza es buscar lo que nos provea una sensación de equilibrio, de estabilidad. Cabe aquí la pregunta: ¿cuántas adicciones comienzan en el punto de querer algo de consuelo? ¿Salir del lugar agitado y calmarnos con «un poco de algo»?

Vivimos en un mundo enloquecedor. Tanta estimulación nos ataca con una furia incesante al punto de que la mayor parte del tiempo vivimos estimulados en exceso. Cosas que nos nutren, como una conversación prolongada, un paseo tranquilo por el parque, tiempo para saborear tanto la preparación de la comida como la cena misma, se están perdiendo a un ritmo alarmante; simplemente no tenemos espacio para ello. Me temo que para la mayoría de las personas sus vidas transcurren a lo largo de un espectro que va desde un estado de estar algo agitado hasta estarlo por completo.

Al concluir la mañana, al fin hago lo que debía haber hecho desde el principio: me detengo, me callo, me tranquilizo. Me doy permiso para simplemente hacer una pausa, un pequeño respiro para volver a mí y a Dios. Mi respiración vuelve a la normalidad (ni siquiera me había dado cuenta de que estaba conteniéndola). Siento que a mi derredor comienza a abrirse un espacio; pero, de repente, en algún lugar afuera de casa, alguien acaba de echar a andar un ruidoso soplador de hojas, uno de los grandes indeseables de la raza humana, enemigo de toda tranquilidad. Mi cuerpo se tensa, el estrés regresa y, como estoy prestando atención, observo la manera en que la estimulación constante de nuestro mundo caótico nos hace vivir en un estado de hipervigilancia casi permanente.

Aviso: ¿están tus músculos serenos o tensos en este momento? ¿Es tu respiración profunda y sosegada o corta y superficial? ¿Puedes leer esto sin prisa o sientes que debes hacerlo a toda velocidad? La mayor parte del día la pasamos involucrados en una miríada de tareas diversas, marcando casillas, «haciendo cosas». Todo eso nos agota, así es que para sosegarnos echamos mano a algunos de nuestros «recursos que nos «consuelan». Pero sé que mi salvación no está en el frappuccino ni en un pastel azucarado. Así que cierro la ventana para reducir los ruidos del soplador de hojas y regreso a una práctica que se ha convertido en un salvavidas absoluto:

La pausa de un minuto.

Me bastan sesenta segundos para tranquilizarme y despojarme de todas mis preocupaciones.

Cuando entro en esta pausa, comienza la liberación. Dejo que todo se vaya: las reuniones, lo que sé que vendrá después, el que estoy totalmente atrasado en todo. Solo lo dejo ir. Oro: *Señor Jesús, te entrego a todos y todo*. Sigo repitiendo eso hasta que siento que lo estoy soltando y desprendiéndome de ello. *Te entrego a todos y todo, Dios*. Todo lo que estoy tratando de lograr en este momento es un poco de espacio para el alma. No estoy tratando de arreglar nada ni resolver nada. No estoy tratando de despojarme de todo de manera perfecta o permanente. Eso requiere un nivel de madurez que la mayoría de nosotros no hemos alcanzado. Pero puedo dejarlo ir por sesenta segundos. (Esa es la genialidad de la pausa: todo lo que nos estamos pidiendo es, durante sesenta segundos, dejar que todo se vaya). Y mientras lo hago, incluso mientras digo en voz alta *te entrego a todos y todo a ti*, mi alma está cooperando. Me estoy asentando.

Hasta suspiro; digo, ese buen suspiro del que hablé antes.

Enseguida le pido al Señor algo más: *Jesús, necesito más de ti; lléname más de ti, Dios. Restaura nuestra unión; lléname de tu vida.*

Te sorprenderás de lo que un minuto puede hacer. Y hará aún más a medida que lo practiques. Con franqueza, puedes hacer esta pausa casi en cualquier momento y en cualquier lugar: en tu automóvil, en el autobús, en el tren, después de que cuelgas el teléfono. Sé que parece muy simple, pero tenemos que empezar en alguna parte. Esta pausa es asequible; es factible.

Cuando leo lo que David escribió en los salmos: «He calmado y aquietado mis ansias» (131:2) o, dicho de otra manera: «He cultivado un corazón tranquilo», me pregunto cuántas personas en tu oficina, en tu gimnasio, en tu trabajo, en tu viaje diario podrían decir que han cultivado un corazón tranquilo. Lo que suponemos que es un estilo de vida normal es una locura absoluta en cuanto a la naturaleza dada por Dios a nuestros corazones y almas. Ancho es el camino que conduce a la destrucción y hay muchos que van por él.

Sin embargo, este es el mundo en el que vivimos, en el que criamos a nuestros hijos, en el que nos desenvolvemos en nuestras profesiones, por lo que necesitamos encontrar cosas que sean simples y asequibles para comenzar a recuperar nuestras almas. La pausa de un minuto está al alcance de cualquiera. La práctica en sí misma es maravillosa, y abre espacio en nuestras almas para que se produzca allí el encuentro entre Dios y nosotros.

Los «Padres del desierto», de los siglos tercero y cuarto, eran un grupo valeroso de gente común y corriente, seguidores de Jesús que huyeron de la locura de su mundo para buscar una vida de belleza y sencillez con Dios en el silencioso desierto. Ellos veían el mundo como «un naufragio del que todo hombre tiene que nadar para salvar su vida».[2] Meditemos un momento en ellos. No tenían teléfonos celulares, ni Internet, ni medio alguno de comunicación, ni automóviles, ni cafeterías Starbucks, ni ruidosos sopladores de hojas. Las noticias que circulaban entre ellos eran locales; no llevaban sobre sus hombros las cargas de todas las comunidades del mundo. Se movían libremente por donde querían, y eso les permitía vivir al ritmo de menos de *cinco kilómetros por hora* (¡!). Y debido a que sintieron que el mundo les estaba robando la vida fue que decidieron hacer algo al respecto. Y eso fue lo que hicieron.

De la misma manera nosotros, que vivimos en una hora mucho más insana y que queremos encontrar una vida mejor en Dios, deberíamos ser los primeros en adoptar algunas prácticas que nos saquen de la locura y nos lleven a una forma de vida más estable. A la mayoría de nosotros nos alegraría sentirnos un poco menos nerviosos.

RECORDATORIOS AMABLES

Vivimos la mayor parte del año en un pequeño valle al borde de nuestra ciudad. Años antes del desarrollo suburbano, la Orden de las Hermanas de San Francisco estableció un convento en este lugar. La abadía es un popurrí de hermosos edificios de piedra arenisca esparcidos a través de un terreno ondulado cubierto de pinos y enebros. Las hermanas tienen la encantadora práctica de tocar las campanas de la iglesia cada día a las seis de la mañana. Pero las suyas no son esas campanas estridentes que siguen a una boda; estas producen un sonido suave, lento y melódico, apropiado para un llamado a la oración. Vuelven a oírse a las seis de la tarde. A mí me encanta escucharlas porque resuenan en nuestro pequeño valle como una invocación del pasado. Son un llamado a la oración o al silencio. En lo que a mí respecta, decidí congraciarme con las llamadas y dejar que las campanas me recordaran hacer cada día mi pausa de un minuto.

Hace unos años comenzamos esta práctica en nuestra oficina. A las diez de la mañana y a las dos de la tarde todos los días, las «campanas» del convento suenan como una llamada al personal para que dejemos de hacer lo que estemos haciendo y volvamos a centrarnos en Cristo. Instituí la práctica «corporativa» porque noté que desde la mañana hasta la noche, iba de una cosa a otra, sin pausa. Terminaba una llamada telefónica y seguía con otra. Completaba un correo electrónico y revisaba una docena más. Antes de que pudiera acceder a mi bandeja de entrada, iba a buscar a alguien con quien necesitaba reunirme. No había pausa en mi día, no había espacio para lo sagrado. Si Dios quería entrar, prácticamente tenía que abrirse camino. Y a Dios no le gusta gritar ni atropellar. No le gusta que lo obliguen a hacer gimnasia para llamar nuestra atención, no más de lo que nos gusta a nosotros saltar de un lado a otro para que nuestro amigo o nuestro cónyuge se den cuenta de que estamos en la habitación.

Así que decidí usar la pausa de un minuto como mi espada contra la locura. Después de terminar una llamada telefónica y antes de comenzar otra cosa, simplemente hago una pausa. Cuando llego al trabajo por la mañana y cuando llego al frente de mi casa por la noche, hago una pausa. Literalmente recuesto mi cabeza sobre el volante y me detengo, solo por un minuto. Suena casi demasiado simple para ser una práctica que me trae más de Dios, pero es muy efectiva. Porque lo que hace es abrir el espacio del alma, la sala de respiración. Y Dios está justo ahí. Con el tiempo, el efecto *acumulativo* es aún mejor. Está cambiando el ritmo de mi día. Está entrenando mi alma para encontrar a Dios como una experiencia más común que rara. Me siento mejor. Ahora trato a las personas con más amabilidad.

¡INTÉNTALO!

La pausa de un minuto puede tener una variedad de propósitos: orar, guardar silencio, tener de nuevo un encuentro con tu corazón, disfrutar de un momento de belleza. Iremos desarrollando esta práctica a medida que avancemos en el libro. Por ahora, tenemos una forma de comenzar:

Separa uno o dos momentos en tu día cuando sepas que es menos probable que te interrumpan. Para mí, uno de esos momentos es cuando me detengo al frente de la casa al final del día. No tengo que saltar del auto; puedo tomarme un momento. Apago el motor, a veces apoyo la cabeza sobre el volante y solamente respiro. Intento dejar que el día se vaya.

Te ayudará si programas la alarma de tu teléfono para que te lo recuerde. Elige un sonido suave, cordial, algo que no haga saltar la adrenalina, que no te ponga en modo defensivo. No se trata de un toque de alarma, sino que estás invitando a tu alma a una pausa gentil.

He desarrollado una aplicación llamada Pausa de un minuto (disponible solo en inglés) para ayudarte con esta práctica; es hermosa y creo que te será de gran utilidad. Puedes encontrarla gratis en la tienda de aplicaciones. Este es el comienzo de una nueva forma de vida, una práctica sencilla que abre la puerta a muchas otras. ¡Inténtalo y tu alma te lo va a agradecer!

Capítulo dos

DESAPEGO BENEVOLENTE

Me encuentro en un acantilado en la esquina suroeste del agreste estado de Wyoming viendo el horizonte con mis binoculares. La vista es asombrosa: hacia donde uno mire, solo artemisa y pastos gruesos por cientos de kilómetros. Puedo ver la curvatura de la tierra. Estamos en agosto, por lo que va a ser un día caluroso. Ya percibo las ondas de calor produciendo una especie de espejismo que me impide ver lo que busco. Muchos probablemente se refieran a esta región como tierras baldías. Chispeantes en verano, congeladas en invierno, con un viento que no deja de soplar; sin embargo, la razón de mi presencia en este lugar son los caballos salvajes que se encuentran aquí, donde se sienten seguros.

Todavía hay cientos de manadas de caballos salvajes corriendo por el oeste americano, un hecho que hace feliz a mi alma. La naturaleza indomable, los espacios abiertos y los animales que viven en total libertad son algo bueno para nuestra condición de humanos. A

veces necesitamos recurrir a la belleza de la geografía para llevar al
alma el concepto de espaciosidad y alegría. Por eso he venido aquí.

Veo un águila dorada a solo unos veinte metros abajo, frente a
mí. Las águilas doradas, también llamadas águilas reales, son impre-
sionantes aves rapaces con envergaduras de más de dos metros y una
fuerza en el pico capaz de llevar en el aire cervatillos y corderos. Esta
se posa al borde de un acantilado, escaneando el paisaje alcalino en
busca de su presa. Esa posición en que se posa es perfecta para ella;
con las corrientes ascendentes llegando al acantilado, todo lo que
tiene que hacer es extender sus alas y dejarse llevar. De pronto la veo
irse. Me pregunto si me habrá visto; tal vez me vio y no le importó.
Suspiro de paz y felicidad.

Esta mañana al amanecer, abordé mi camioneta, apunté al norte
y me fui, rumbo a una feliz semana de soledad. Sin planes fijos: solo
mi tienda de campaña, mi caña de pescar y mapas de la Cordillera
Wind River, del Parque Nacional Yellowstone y del estado de
Montana. Es un viaje de última hora, no planificado, algo en lo que
Jesús prácticamente insistió. Muchas lunas han ido y venido desde que me tomé el tiempo para escapar, preocuparme por mi alma,
encontrar a Dios.

Y debo decirte que es una sensación extraordinaria tener a tu
mundo desvaneciéndose en el espejo retrovisor; y por delante, un
camino para ti solo.

Es algo que el propio Jesús solía hacer (claro, sin la camioneta).
Siempre me ha intrigado su habilidad para levantarse y alejarse de
su mundo. Justo ahí, en el capítulo inicial de Marcos, con el entusiasmo creciendo y las multitudes a su alrededor, Jesús desaparece.
Simplemente... se va.

Muy de madrugada, cuando todavía estaba oscuro, Jesús se levantó, salió de la casa y se fue a un lugar solitario, donde se puso a orar. Simón y sus compañeros salieron a buscarlo. Por fin lo encontraron y le dijeron: «Todo el mundo te busca». Jesús respondió: «Vámonos de aquí». (Marcos 1:35-38)

Jesús modela una libertad de corazón que creo que a todos nos encantaría tener. Su habilidad para desengancharse de su mundo es especialmente atractiva.

Yo, como un buen discípulo, he hecho lo mismo. Todos quieren algo de mí, así que imité a mi Maestro y... me fui. Si solo hubiese querido ver caballos salvajes, probablemente habría procurado llegar aquí antes, pero desde que salí de casa esta mañana, me detenía para leer esos «puntos de interés histórico» que suelo pasar sin parar. Me llevará unos días llegar, pero ya puedo sentir esa condición exquisita que se avecina, una alegría ligera y sin ninguna preocupación.

ENREDADO

¡Qué difícil es desenredarnos de nuestro mundo!

Antes de que la naturaleza comenzara en mí su trabajo de recuperación en estas alturas, había pasado las últimas veinticuatro horas obsesionado por un comentario que alguien hizo durante una reunión de negocios.

A decir verdad, no fue más que una simple observación compartida en una conversación bastante más amplia. Pero la observación

era sobre *mí*, y ya tú sabes cómo es eso: se convirtió en la única cosa
en una conversación de veinte minutos que aproveché. Fue como esas
semillas de chía que se te quedan asidas entre los dientes. No puedes
pensar en otra cosa; tu lengua trata de encontrarla y atraparla, pero
ella pareciera jugar a las escondidas contigo. Con el paso de las horas,
aquel comentario bastante simple y sin ninguna mala intención se
fue llenando de implicaciones y todo tipo de subterfugios mientras
me preguntaba, me preocupaba y especulaba sobre lo que ese colega
quiso decir. Supongo que tú sabes bien de lo que estoy hablando:
alguien te dice algo de pasada; luego te preocupas y te haces mil
preguntas porque quieres saber a qué se refirió.

Vas a llegar tarde al trabajo; le envías un mensaje de texto a un
compañero o a tu jefe explicándole que tu hijo amaneció enfermo y
tuviste que hacer arreglos para que lo atendieran antes de salir para
la oficina. Y todo lo que recibes es una respuesta de solo dos palabras: «Está bien». ¿Qué significa eso? ¿Se habrán molestado? Lo más
probable es que se hayan enojado; esas dos palabras te dicen cómo
crees que se sienten. No dijeron: «Oye, lo siento por tu niño; espero que se recupere pronto. Qué pena. No te preocupes; lo entiendo
perfectamente». Pero también es posible que al recibir tu mensaje,
hayan estado manejando, y en tal caso lo único que pudieron hacer
fue escribir dos palabras para que supieras que no había problema
con que te atrasaras. No obstante, todas esas posibilidades se desarrollaron en tu mente, lo que te llevó a preocuparte por el subtexto y
el significado de lo que te quisieron dar a entender.

No me considero una persona obsesiva, pero al recordar aquella
conversación, el comentario que esa persona hizo me intranquilizó,

lo que me llevó a preguntarme cuál sería la implicación, lo que me llevó a preguntarme sobre el subtexto de *todo* lo que esa persona me dijo en la conversación, lo que me llevó a preguntarme cuál sería el subtexto de otras conversaciones que hemos tenido y de los correos electrónicos recibidos en el último mes, lo que me llevó a preguntarme cuál sería el subtexto de nuestra relación y si ¡quizás he estado malinterpretando todo lo que ha estado ocurriendo! Un pequeño comentario en una reunión de oficina provocó en mí una avalancha de especulaciones: especulaciones sobre motivos, sobre mi liderazgo y sobre la integridad de esta relación en su totalidad.

¡Señor, ayúdanos!

En el transcurso de estas veinticuatro horas tan poco útiles, cada vez que me tornaba a Jesús para tratar de conseguir algo de paz y orientación, simplemente me decía: *Entrégame esto. Suéltamelo. Entrégamelos a mí.* Y me sorprendió comprobar lo difícil que es eso, especialmente una vez que hemos entrado en el terreno de la especulación, la preocupación o la ansiedad.

Jesús no ofreció interpretación ni ofreció ánimo. Antes que pudiera hacer algo más, necesitaba salir del atolladero. Necesitaba distancia, espacio para respirar, necesitaba su gracia aun antes de que pudiera comenzar a reinterpretar todo lo que había estado malinterpretando. Cuando Pedro comenzó a hundirse en el mar de Galilea, Jesús no le ofreció perspectiva; no se detuvo para hablar con él. Le ofreció su mano para levantarlo y devolverlo a la barca. Suelta primero; interpreta después.

Cuando empecé a practicar la medida más pequeña de liberación, el alivio fue casi inmediato.

DESAPEGO BENEVOLENTE

Estamos hablando en este libro de hacer espacio en nuestras vidas para Dios con el fin de que podamos recibir más de su maravilloso ser y, con eso, la vitalidad y la resistencia que anhelamos como seres humanos. Hay formas externas en que podemos hacerlo, pasos simples como la pausa de un minuto. Y también hay maneras internas de hacerlo.

A efectos de hacer espacio para que Dios llene el vaso de nuestras almas, tenemos que comenzar a sacar el desorden innecesario que se acumula continuamente allí, como ocurre con la gaveta de cosas sueltas que tenemos en la cocina. No hay quien no tenga un cajón de esos, ese agujero negro donde se tiran las llaves del auto, los bolígrafos, el sujetapapeles, los restos de la goma de mascar, todos los pequeños desechos que se van acumulando con el tiempo. Nuestras almas también acumulan cosas, atrayéndolas como un imán. Agustín de Hipona dijo que debemos vaciarnos de todo lo que nos llena, para que podamos estar llenos de lo que estamos vacíos.[1] Con el tiempo no he encontrado una mejor práctica para ayudar a limpiar mi alma desordenada que lo que llamo desapego benevolente; que no es nada más que la habilidad de dejar que las cosas se vayan, no tanto física como *emocionalmente*.

Permíteme que te explique. Nuestro objetivo es liberarnos, poner en las manos de Dios lo que sea que nos agobie *y dejarlo ahí*. Es muy fácil quedar atrapado en el drama de maneras poco saludables y luego no podemos ver con claridad, establecer límites, reaccionar libremente. Cuando eso sucede en las relaciones, los psicólogos lo llaman un enredo.

La exposición demasiado frecuente a las relaciones enredadas puede hacer que un niño en desarrollo no sea consciente de conocerse a sí mismo tanto física como emocionalmente. Las líneas entre empatizar (identificarse y comprender los sentimientos o dificultades de otra persona) y sobreidentificarse (enredarse con otra persona) se desvanecen.[2]

Los adultos maduros han aprendido a crear una distancia saludable entre ellos y las cosas con las que se han enredado. De ahí la palabra «desapego». Desapego, en el uso que le estamos dando, significa desenredarse, salir del atolladero; significa quitar el velcro por el cual esta persona, relación, crisis o problema global se mantiene unido a nosotros. O nosotros a eso. Desapego significa establecer una distancia saludable con aquello. Las redes sociales sobrecargan nuestra empatía. Así que uso la palabra «benevolente» para referirme a este tipo de desapego necesario porque no estamos hablando de cinismo o renuncia. Benevolente significa amabilidad. Significa algo hecho con amor. Jesús nos invita a una forma de vivir en la que nos sintamos realmente cómodos entregándole las cosas. Él dijo:

> «Vengan a mí todos ustedes que están cansados y agobiados, y yo les daré descanso. Carguen con mi yugo y aprendan de mí, pues yo soy apacible y humilde de corazón, y encontrarán descanso para su alma. Porque mi yugo es suave y mi carga es liviana». (Mateo 11:28-30)

Otra versión de la Biblia lo pone de este modo:

¿Estás cansado? ¿Desgastado? ¿Quemado por la religión? Ven a mí. Déjate llevar por mí y recuperarás la vida. Te mostraré cómo tener un verdadero descanso. Camina conmigo y trabaja conmigo, fíjate cómo lo hago yo. Aprende los ritmos no forzados de la gracia. No pondré nada pesado o desajustado sobre ti. Mantente en mi compañía y aprenderás a vivir con libertad y alegremente. (Mateo 11:28-30, traducción libre de *The Message*)

Ahora, presta atención a esto: Jesús dijo que hay una manera de «vivir libre y *alegremente*».

Más tarde en el Nuevo Testamento, su querido amigo Pedro hace eco de la invitación cuando escribe:

Depositen en él toda ansiedad, porque él cuida de ustedes. (1 Pedro 5:7)

Dejen todas sus preocupaciones a Dios, porque él se interesa por ustedes (1 Pedro 5:7, DHH)

¿Despreocupado? ¿La oferta es *una vida sin preocupaciones?* Me encanta sentirme despreocupado. Así es como me siento en medio de las vacaciones: sin preocupaciones; así es como me siento ahora mientras camino por estas tierras agrestes, sin nada más que un camino abierto delante de mí. La gente busca desesperadamente sentirse despreocupada. Yo creo que todos nuestros patrones disociativos son signos de ello: los videojuegos, la moda de la realidad virtual, los químicos que usamos para sentirnos libres. En el libro *Límites*, de Henry Cloud y John Townsend —del que se han vendido millones de ejemplares— podrás ver a los seres humanos enredados en la popularidad, tratando de desenredarse. Todos estamos buscando una manera de conseguir algo de desapego saludable en nuestras vidas.

Fíjate en la exitosa canción ¡Suéltalo!, de la película de Disney *Una aventura congelada*. Tendrías que estar en una cueva subterránea para perdértela. Las chicas jóvenes y no tan jóvenes de todo el mundo la cantaban de memoria. Me di cuenta de lo extraordinaria que era cuando la hija de nueve años de unos amigos nos la cantó una noche durante la cena. La niñita, plena de salud, a diferencia de sus pares, no le importaba lo que estuviera sucediendo en las redes sociales. Sin embargo, ella la sabía de memoria, y la canción no es algo que se pueda dominar con ver la película una sola vez. Más tarde vi en YouTube un video en el que, soldados acuartelados en Afganistán, la cantaban. ¡Suéltalo! es, sin duda, un fenómeno.

En la película, Elsa es la joven reina de las nieves de un mítico reino nórdico, una niña con un don único, tal vez una maldición. Tiene el toque del rey Midas, excepto que todo lo que toca, en lugar de en oro, se convierte en hielo. Después de años de aislamiento, durante su «fiesta de presentación» pública, desencadena accidentalmente una serie de congelaciones catastróficas y huye a las montañas para salvar a su gente y escapar de la vergüenza y el desprecio por lo que ha hecho. Ingresa la canción que capturó algo en la psique social. Canta que nunca dejará entrar a nadie, que gobernará un reino de aislamiento y no le importa. Suéltalo. Finalmente está libre de preocupaciones.

Sin embargo, está lejos de ser feliz: se siente herida y eso le *preocupa*; es una adolescente que huye del dolor. Un caballo salvaje que, en lugar de pelear, huye. La canción realmente no trata tanto de un abandono saludable, sino de una negación intencional. Un título más preciso hubiera sido «Cerraré mi corazón». No se libera; es fortificante. Literalmente. El clímax de la canción tiene a Elsa terminando la creación de su castillo de hielo. Sola.

Esto no tiene mucho que ver con un desapego benevolente. En la huida de Elsa hay enojo y desafío. Pero seguro tocó algo en la imaginación cultural. Como lo hizo en el año 2018 el libro de Mark Manson: *El sutil arte de que te importe un caraj*: Un enfoque disruptivo para vivir una buena vida*. Disculpen el lenguaje, pero me llamó la atención porque este pequeño libro de bolsillo de un autor relativamente desconocido ha vendido *millones* de ejemplares. El autor tocó una zona dolorosa dentro de nosotros. En realidad no es cínico; él presenta el importante caso de que simplemente uno no puede preocuparse de todo, todo el tiempo. Lo que creo que nos dice es que millones de personas se sienten en gran manera sobrecargadas y buscan alguna forma de aligerar su pesada carga emocional.

Esto es algo en lo que Jesús es particularmente bueno para ayudarnos, por eso es tan oportuno aprender la gracia de desapegarnos con benevolencia.

DAME A TODOS Y TODO

Hace unas semanas llegué a casa del trabajo, un viernes por la tarde, y «salí» a sentarme, a estar quieto y a tratar de encontrar a Dios. Nada grande. Nada de crisis. Nada de un ayuno de siete días. Simplemente sentarme en silencio, intentando comunicarme con su presencia. Fue sorprendente la cantidad de cosas que se presentaron en cuestión de unos cinco minutos. Cosas que olvidé hacer en el trabajo. Correos electrónicos que aún necesitaba enviar. Correos electrónicos que necesitaba enviar ahora para corregir los correos electrónicos que no debería haber enviado. Comencé en la pausa de un minuto que me creó el espacio para luego practicar el desapego benevolente, mi único rescate.

Tú no puedes resolver todo eso por ti mismo.

Y te aseguro que no podrás esperar encontrar a Dios, la vida y la restauración sino hasta que hayas resuelto tu vida. La información, la palabra falsa, la interacción confusa, las noticias desgarradoras no nos dejan tiempo para pensar cuidadosamente y de manera sistemática. De forma sutil, tal vez no tanto, las cargas se acumulan en el alma.

Tengo un amigo que es una de esas personas hermosas con el don de ver el mundo espiritual mientras la gente camina por el mundo físico. Uno de sus dones es que ve las «mochilas» de las personas. «Todos tienen una mochila», dice. Se refiere a sus cargas; las ve como mochilas que llevan encima. «Las de algunas personas son más grandes que las de otras», dice. «Están llenas de remordimientos, preocupaciones del presente y temores sobre su futuro. Pero algunas son maravillosamente pequeñas y ligeras. Todos tienen una».

Las preocupaciones son solo una de las cien cosas que agobian nuestras almas. La preocupación genuina es quizás más peligrosa porque se basa en algo noble: tus preocupaciones por tus padres ancianos, por un amigo enfermo, por un grupo de personas, por una causa que clama justicia. Un amigo mío dirige una casa para rescatar a niñas que son traficadas. Me escribió la semana pasada para decirme que debido a que las instalaciones del gobierno están superpobladas, le estaban preguntando si podía recibir a once chicas. Su angustia era que solo tenía espacio para cinco. Y así lo hizo saber. Hoy, un colega terapeuta que realiza un trabajo extraordinario con hombres y mujeres militares que padecen TEPT (trastorno por estrés postraumático) lamentaba no poder ver a suficientes personas. «Estamos perdiendo demasiados pacientes por suicidio», dijo. «Me desgarra no poder ayudar a más».

Ese tipo de cosas puede llenar una mochila y hacerla muy pesada.

Jesús comenzó a enseñarme acerca del desapego benevolente hace casi dos años. Cada vez que me dirigía a él con una pregunta, me decía: *Entrégame a todos y todo*. La invitación sonaba muy cierta. Yo sabía que necesitaba aprender eso. Así que comencé a practicarlo lo mejor que pude. Pero Jesús siguió repitiendo la invitación. Si le preguntaba por algo completamente ajeno a las personas que me rodeaban —la reparación de un automóvil, la programación de un viaje, mis declaraciones de impuestos— Jesús respondía: *Entrégame a todos y todo*. Eso me irritaba. Pero al fin me di cuenta de que la razón por la que lo seguía repitiendo era porque yo no lo estaba haciendo muy bien. Estaba cargando a otros. Preocupándome por las cosas.

Estamos mucho más enredados con el mundo de lo que nos damos cuenta. Y es que las personas y las causas también tienen una forma de enredarse *con nosotros*.

Algo de eso tiene que ver con el momento en que vivimos y la destrucción de las fronteras sociales.

Gracias a las redes sociales, la vida de todos está abierta y accesible a través de Facebook, Twitter, Instagram; todo. Nos acoplamos a la presunción de que no hay límites para ingresar, observar o interactuar con cualquier persona, en cualquier lugar y en cualquier momento. No hay fronteras. Nos acoplamos a la presunción de que tenemos derecho a ingresar al espacio privado de cualquier otra persona en cualquier momento. Ya no hay límites interpersonales. Esto es terriblemente peligroso y muy dañino. Los teléfonos celulares han contribuido de manera importante a esta pérdida de espacio personal. Un amigo mío que es un negociante exitoso me explicó cómo han cambiado las reglas en cuanto a la lealtad empresarial: «Los demás esperan que uno esté a su disposición en cualquier momento, de día o de noche» me dijo, sosteniendo su teléfono en la mano. «Te pueden enviar un mensaje de texto o llamarte las veinticuatro horas del día y los siete días de la semana en lo que ahora se conoce como 24/7. Y tienes que estar ahí, listo para recibir el mensaje o la llamada. Son las nuevas reglas».

Mientras conducía esta mañana rumbo al desierto, decidí apagar mi teléfono durante unos días para hacer efectiva mi desconexión; sin embargo, en la última hora he revisado varias veces mi buzón de mensajes. No deja de ser extraño estar conectado con la tecnología del mundo mientras ando por zonas rurales. Mi abuela desarrolló toda su vida en este mundo. En el pasado, si querías tener una conversación con alguien, si querías ingresar a su mundo, literalmente tenías que hacer eso: subirte a tu auto, conducir hasta su granja, sentarte con la persona en el porche de su casa y conversar cara a cara. Se entendía que había horas apropiadas para ello. La gente era muy consciente de que había momentos públicos y momentos privados, espacios públicos y espacios privados.

En la actualidad, todo eso ha desaparecido.

Los demás tienen implícita la suposición de que pueden ingresar a tu mundo cuando se les ocurra. Esto es sofocante para el alma; no hay respiro. No es de extrañar que libros como *Límites* y *El sutil arte de que te importe un caraj** estén vendiéndose por millones. La gente está buscando alguna forma de hacer retroceder estas cosas, aunque sea unos cuantos centímetros. ¡Denme algo de espacio por el amor de Dios!

Exactamente.

Tu única salida es el desapego benevolente.

¡INTÉNTALO!

Lo sé, lo sé; mientras lees esto, en tu ser interior surge toda clase de pensamientos de rechazo. «Esto parece imposible; se ve que no conoces mi mundo». «¿Dónde dejas el factor amor?». «¿Y la necesidad de cuidar a otros?». «¿Crees que es correcto desentenderse de esas cosas?».

En pocas palabras, eso se debe a que no eres Dios.

Tú no puedes salvar al mundo. Ni siquiera puedes cargarlo.

«¿Quién de ustedes, por mucho que se preocupe, puede añadir una sola hora al curso de su vida? Ya que no pueden hacer algo tan insignificante, ¿por qué se preocupan por lo demás?» (Lucas 12:25-26). En realidad, para Jesús es algo muy serio eso de entregarle todo a él. Así que vamos a repetir la invitación y para ello vamos a echar mano de otra versión de la Biblia:

¿Estás cansado? ¿Desgastado? ¿Agotado por la religión? Ven a mí. Déjate llevar por mí y recuperarás tu vida. Te mostraré cómo tener un descanso de verdad. Camina conmigo y trabaja conmigo; observa cómo lo hago yo. Descubre los ritmos espontáneos de la gracia. No pondré nada pesado o

desajustado sobre ti. Hazme compañía y aprenderás a vivir libre y alegremente. (Mateo 11:28-30, traducción libre de *The Message*)
Depositen en él toda ansiedad, porque él cuida de ustedes. (1 Pedro 5:7)
Así que pongan sus preocupaciones en las manos de Dios, pues él tiene cuidado de ustedes. (TLA)

Estas no son sugerencias. La Biblia no es un libro de sugerencias.
Tienes que soltarte del mundo; tienes que soltarte de las personas, las crisis, los traumas, las intrigas, todo. Tiene que haber algún momento en tu día en el que simplemente dejes que las personas y las cosas se vayan. Tu alma *nunca* fue hecha para soportar toda la tragedia del mundo, la angustia, el último tiroteo, el terremoto. Tu alma no fue creada para habitar un mundo como este. ¡Esto es demasiado! Tu alma tiene límites. No puedes llevar sobre ti las penas del mundo. Solo Dios puede hacerlo. Solo él es infinito. En algún lugar, en algún momento de tu día, tienes que liberarte. Dejarlo ir.

Vamos a aclarar esto: la invitación de Dios es a vivir una vida sin cargas. Ven tú que estás cargado. Echa tu carga sobre él. Vive sin preocupaciones ante Dios. Esto es prácticamente una invitación a una fiesta. Una de las disciplinas menos entendidas de la vida espiritual. Y, por lo tanto, un maravilloso lugar de descubrimiento para cada uno de nosotros, y una oportunidad verdaderamente liberadora para experimentar más de Dios en nuestra experiencia cotidiana.

El desapego benevolente requerirá de algo de práctica. La pausa de un minuto es un buen punto para comenzar. «Te entrego a todos y todo a ti, Dios. Te entrego a todos y todo». A menudo me doy cuenta de que necesito ser específico: porque son motivo de mi preocupación, «te entrego a mis hijos». «Te entrego esa reunión». «Te entrego este libro». Mientras haces esto, presta atención. Tu alma te dirá si estás liberándote o no. Si después de orar te encuentras reflexionando sobre lo que acabas de entregar, no te has liberado. Vuelve atrás y repite el proceso hasta que sientas que has conseguido la liberación.

La hora de acostarse es ideal; Stasi y yo ahora lo hacemos todas las noches. «Señor Jesús, te entregamos todo y a todos». Y luego, por lo general, tenemos que nombrar algunas cosas. «Te entregamos a nuestros hijos. Te entregamos a nuestra anciana madre. Te entregamos lo que explotó en el trabajo hoy. Te entregamos nuestro ministerio y nuestra misión en el mundo, por lo que nos preocupamos mucho: todas esas personas que sufren. Te entregamos ese tiroteo en Florida. No podemos con eso, Dios. Te lo entregamos todo».

Al practicar la liberación, lo que estás haciendo es crear espacio para el alma; literalmente, estás creando el espacio intelectual y emocional para que Dios entre.

Si lo haces, él acudirá. Él *quiere* llenarte.

Por cierto, el desapego benevolente es un regalo para las personas cercanas porque con demasiada frecuencia también cargamos a los demás con nuestras expectativas, esperanzas y necesidades. La mayor parte del tiempo lo hacemos en forma inconsciente, pero igual lo hacemos. Con nuestra necesidad de que nos vean, nos feliciten por algo, nos celebren, nos entiendan. En realidad, les estamos haciendo un gran favor a los demás cuando practicamos el desapego benevolente, porque a *ellos* también les gustaría que los separen de *ti*.

Pueden liberarse, queridos, «como un caballo en el desierto» (Isaías 63:13).

Capítulo tres

BEBE LA BELLEZA

Las flores silvestres de verano son una de las razones por las que más agradezco de vivir en Colorado. Crecí en los suburbios del centro comercial de Los Ángeles; si queríamos ver flores silvestres, teníamos que conducir una hora fuera de la ciudad, por el Paso Cajón o hacia el este hasta el desierto. Pero aquí, en las Montañas Rocosas del Oeste, durante los maravillosos meses del verano, tenemos flores silvestres en abundancia. Azules de todos los tonos; rojos que van del naranja al carmesí al rosado; amarillos y blancos, como la paleta de un buen juego de acuarela.

Una de mis favoritas son un tipo encantador a las que es fácil añorar: las muy florecidas aster, que son una colección de pequeñas flores pintorescas parecidas a las margaritas pero del tamaño de una moneda de diez centavos. En verano crecen profusamente en racimos a doce centímetros del suelo, con sus pequeños pétalos blancos resplandecientes y su centro amarillo. En el otoño, cuando se secan, adquieren un color hirsuto dando la apariencia de pequeñas cestas de mimbre. Anoche hubo una lluvia helada y cientos de esas pequeñas cestas amanecieron cubiertas de una delicada capa de hielo, lo que las hace parecer copas de cristal en miniatura, como si los ratones silvestres estuvieran preparándose para un banquete.

Como los seres humanos necesitamos mucho oxígeno para vivir, nuestro amoroso y buen Dios nos proveyó de un mundo envuelto en ese elemento. Como los peces nadan en el agua, nosotros nadamos en un aire que es un océano de oxígeno. Si extiendes tu brazo, está rodeado de oxígeno; si miras hacia abajo, a tus pies, ellos también están caminando a través del oxígeno. Mediante los bosques y las selvas, e incluso las algas de los mares, Dios organizó la reposición diaria de este océano de oxígeno en todo el planeta. Lo consumimos todo el día, y todos los días Dios lo renueva. ¡Prodigioso! Y, además, ¡algo muy bueno!

Dios ha hecho lo mismo con el agua. La necesitamos a diario. Ningún ser humano puede estar sin ella más de cuatro días. A nuestro mundo se le llama el «planeta azul» debido a la cantidad de agua que tenemos. Los océanos, por supuesto, y el ciclo de lluvia que extrae agua de ellos la extienden sobre la tierra. Arroyos, estanques, ríos, lagos, la generosidad de Dios también se puede ver aquí. Sin agua nada vive. Piensa en lo que les sucede a tus hermosas flores cuando no tienen agua.

Y con la misma generosidad y cuidado, Dios también llenó al mundo con un suministro renovable de algo que nuestras almas necesitan diariamente: belleza. Sí. Belleza. Que nuestro mundo esté tan saturado de belleza, impresionante en muchos sentidos, grandes y pequeños, debería hacernos saber que Dios siente que es algo que necesitamos para nuestra supervivencia. Estamos absolutamente nadando en ella.

Sin embargo, salvo los artistas y los poetas, la gente no busca intencionalmente la belleza como nutrimento. Observa que la belleza no aparece en las típicas listas de modelos de discipulado, disciplinas espirituales o cuidado del alma. Incluso en su maravilloso e influyente libro sobre sanidad de los traumas, *The Body Keeps the Score* [El cuerpo lleva la cuenta], el doctor Van der Kolk apenas se refiere a eso, lo cual no deja de desconcertarme. La belleza es una de las gracias más ricas que Dios ha provisto para sanar nuestras almas y absorber su bondad.

EL PODER DE LA BELLEZA

Mi viaje a través de Wyoming y Montana me llevó a Yellowstone, uno de mis lugares favoritos en la tierra. No, no me gustan las multitudes. Pero hay un secreto sencillo sobre Yellowstone: si estás dispuesto a salir a un kilómetro del camino pavimentado, podrás tener —prácticamente para ti solo— un espacio natural extraordinariamente grande. Pese, como digo, a que no me gustan las multitudes, tuve que enfrentarme a ellas cuando quise ver la catarata del río Yellowstone mientras se sumerge en el Gran Cañón de Yellowstone. El artista Thomas Moran hizo una hermosa pintura de él después de que completó la expedición de Hayden en 1871. Su obra de arte fue una de las cosas que ayudó a convencer al Congreso para que hiciera de este el primero de nuestros parques nacionales.

El mirador Artist Point enfoca el fondo trasero de las cataratas desde casi un kilómetro bajando por el cañón. La perspectiva que se obtiene es impresionante; por supuesto, los pintores se rinden ante ese panorama. Cuando llegué allí, estaba abarrotado, así que seguí mi camino para encontrar mi propio espacio entre los árboles para pasar el día. Más tarde, manejando de regreso a mi campamento antes del anochecer, pasé una señal en el lado norte de las cataratas que decía «Borde de las cataratas». Nunca antes había tomado esa ruta. El sendero tiene una advertencia severa en la parte superior, de que estás a punto de descender un poco más de ciento ochenta metros, así que quien quiera bajar por el acantilado, deberá estar preparado para volver a subir. Consciente de que esto eliminaría a la mayoría de los turistas y curiosos de investigar cómo era el borde, descendí. Se puede caminar hasta la orilla y mirar hacia abajo, donde miles de metros cúbicos de agua se sumergen cada segundo sobre el precipicio, cayendo desde una altura de más del doble de la de las Cataratas del Niágara con el estallido de la niebla hirviendo desde muy abajo.

Es difícil describir la experiencia. El río es claro, desnivelado, verde transparente justo cuando se desliza sobre el borde. Mirando hacia abajo, se convierte en una agitada catarata de olas incesantes y espumosas que se hunden en el abismo, como las olas de los océanos, pero una encima de otra, agua burbujeante, espuma y tonos profundos, verdes en la parte superior de las profundidades, cambiando a liliáceo en la extensa zambullida. El agua sugiere vida; la caída del agua no es violenta, solo contundente por su abundancia. Majestad viva, renovada sin cesar. Entonces, cuando me incliné, todo lo que vi fue el diluvio espumoso que caía hacia abajo, hacia abajo, hacia abajo, en ondulaciones blancas a través de las cuales aparecían y desaparecían el verde jade, los azules suaves y los lilas, vertiéndose con tanta gracia que prácticamente me uní a esa maravilla. Más tarde le dije a Stasi: «Parecía la gloria de Dios; de haberlo sido en verdad, me habría zambullido en ella».

No puedo decir cuánto tiempo permanecí allí, inmóvil, admirando aquella belleza palpitante y estruendosa mientras la gente iba y venía. Estaba más que paralizado. Me sentía prisionero de una belleza tan abundante, tan gloriosa y tan viva que podía sentir cómo sanaba mi alma. Permíteme que te diga algo más: había hecho ese viaje en gran parte porque yo también me sentía traumatizado. Había pasado por demasiada muerte para contar aquí, y creo que todo ese viaje fue orquestado divinamente para llevarme a este lugar.

Belleza que consuela. Belleza que cura. ¿Por qué si no, enviaríamos flores a una habitación de hospital o a un funeral?

He estado personalmente convencido de esto hace años, así que fue un placer abrir un pequeño libro encantador que una amiga me recomendó: *On Beauty and Being Just* [Sobre la belleza y ser justo] de Elaine Scarry, la profesora de estética de Harvard. La autora está tratando de restaurar el alto lugar de la belleza en un mundo escéptico:

> La belleza es un salvavidas... Agustín la describe como «una tabla en medio del mar». Marcel Proust vuelve a esta idea una y otra vez. La belleza vivifica. Adrenaliza. Hace que el corazón lata más rápido. Hace la vida más vívida, más animada, más digna de ser vivida... Es como si uno hubiera sido arrastrado repentinamente a una playa misericordiosa.[1]

Eso es. La belleza rescata. Rescata porque es misericordiosa, reconfortante. Sana, restaura, revive, renueva. Por eso las personas en convalecencia quieren sentarse en un jardín o en una ventana con vista al mar. Las investigaciones muestran que los pacientes se recuperan más rápido, necesitan menos analgésicos y abandonan el hospital antes si sus ventanas permiten ver la naturaleza.[2] «El placer que nos proporciona la belleza es inagotable», escribe Scarry. «No importa cuánto duren las cosas bellas, no pueden eludir nuestro anhelo por ellas».[3]

Stasi y yo estábamos en una especie de misión al Reino Unido la primavera pasada, un viaje presuroso con algo así como diecinueve compromisos en nueve días. Pasamos dos noches en el suburbio londinense de St. Albans, una de esas pequeñas ciudades británicas de moda donde las calles adoquinadas y los edificios del siglo XV se alternan con galerías de arte y restaurantes de lujo. El pueblo estaba lleno, inusualmente caluroso, con mucho, *mucho* tráfico. Tal vez, el cansancio aumentó mi sensibilidad; el ruido de las motocicletas subiendo y bajando por las estrechas calles me estaba poniendo nervioso. Lo que me había parecido encantador lo empecé a sentir molesto. En ese momento recibí un mensaje de texto de mi esposa, que había salido en busca de la catedral: «Ven a la catedral», me decía, «y entra».

Tan pronto como pisé los jardines, comencé a sentirme mejor. Césped. Flores. Árboles. Entré en el santuario y me encontré solo. Frescura. La luz suave y coloreada se filtraba a través de los vitrales. La imponente estructura de piedra no dejaba entrar los ruidos de la calle. Muy al frente, oculto a la vista, el coro de la capilla estaba practicando. Todo era celestial y, por lo tanto, curativo. El cielo siempre sana. La belleza sana, en parte, porque *proclama* que hay bondad en el mundo y que la bondad prevalece, o se preserva, o de alguna manera sobrevivirá a todo daño y oscuridad.

«El momento de percibir algo hermoso confiere al perceptor el don de la vida».[4]

La belleza también nos canta canciones de abundancia.

Dos días antes de mi visita a las cataratas de Yellowstone, pasé una tarde sentado en una silla en el campamento con vista a un lago en las montañas de Wind River. Lo único que hacía era beber la belleza del valle que dominaba desde allí. El lago y los acantilados de granito eran como Yosemite, hermosos y grandiosos, pero mis ojos estaban perpetuamente cautivados por los bosques de hoja perenne en las laderas de las montañas. Esos son bosques bien regados, tan espesos y frondosos que parecen un millón de árboles a lo largo de unos pocos kilómetros de pendiente. A mi alma le encantó, y traté de poner atención al porqué. Y creo que lo descubrí. Tenía que ver con la abundancia. Un árbol es un milagro; cien árboles son una celebración. La asombrosa presencia de decenas de miles de árboles de hoja perenne frondosos y prósperos en una densa profusión llena el alma de recuerdos del Edén, visiones que comunican mensajes. «Las cosas bellas, como lo muestra Matisse, siempre portan saludos de otros mundos dentro de ellas».[5] El cristiano entiende que esos saludos provienen del reino de Dios mismo.

Además, y sobre todo, la belleza *tranquiliza*. Esto es especialmente importante para nuestra búsqueda aquí por la gracia que la belleza ofrece a nuestra vida con Dios. Necesitamos tranquilizarnos.

La belleza nos asegura que la bondad sigue siendo real en el mundo, más real que el perjuicio, la escasez o la maldad. La belleza nos asegura la abundancia, en especial que Dios es absolutamente abundante en bondad y en vida. La belleza nos asegura que hay mucha vida disponible; que el final de esta historia es maravilloso. El impresionista francés Matisse «dijo en repetidas ocasiones que quería hacer pinturas tan serenamente bellas que, cuando las observara, todos sus problemas desaparecieran».[6]

La belleza es una gracia muy gentil. Como Dios, rara vez grita, rara vez se entromete. Más bien corteja, calma, invita; es romántica y acaricia. A menudo suspiramos en presencia de la belleza cuando comienza a ministrarnos un suspiro del alma bueno y profundo.

¡INTÉNTALO!

No necesitamos ir muy lejos para encontrar la belleza. Dios la ha esparcido por todo el mundo en porciones tan generosas que solo tenemos que detenernos y mirar, en especial a lo íntimo. Sí, no hay duda de que vale la pena viajar para visitar las grandes bellezas: el Himalaya, la reserva natural Masái Mara en el sudoeste de Kenia, el parque nacional Yosemite, cualquier isla tropical. Pero la belleza que nos rodea es igual de curativa, tal vez más, y está a nuestra disposición en todas partes. (Conté la historia de St. Albans para recordarles a mis lectores urbanos que la belleza se puede encontrar incluso en ciudades ruidosas y congestionadas).

Ayer tuvimos una nevada, solo unos pocos centímetros. Anoche, fuertes vientos. Cuando salí a dar un paseo por la mañana, lo único que sabía era que tenía frío y no quería ir. Pero necesitaba la caminata, así que me obligué. El frío hace que te encojas, te abroches la chaqueta y te cales la capucha. Hace que tu cuerpo y tu alma se preparen contra el mundo, no te deja andar descalzo, como ocurre en el verano, algo que hace tanto bien. Me encontraba caminando dificultosamente por la acera, tratando de impedir que el viento se colara a través de mi chaqueta, cuando sucedió. Mi punto de enfoque estaba a solo unos metros cuando de repente surgió ante mí toda la belleza de los patrones de la nieve encostrada. Multitud de pequeñas dunas azotadas por el viento, de cinco o siete centímetros de alto, que parecían una vista satelital del desierto. Ola tras ola de pequeñas crestas ondulantes en simetría curvilíneal, como un mar congelado en el tiempo. Mi mundo se redujo, o se expandió, a unos pocos metros cuadrados de suelo helado por delante, como una vista aérea del Sahara en toda su elegante esterilidad y vasta belleza sin nada.

No hay duda de que estamos rodeados de belleza. La hay en las resplandecientes sombras que la luz del sol crea a través de cualquier follaje; en el intrincado patrón y el color de la corteza de los árboles (detente y mira, tócalos); en la forma en que la luz del sol cae sobre la mesa de tu cocina por la mañana; en el grano de la madera; en las aves canoras de tu vecindario; en la tela; en la luz de una vela; en los patrones infinitamente creativos de las heladas. La escarcha en los tallos de las hierbas secas esta mañana parecía pequeñas gladiolas hechas de vidrio o la caligrafía de las hadas. Agua en casi cualquier forma. Agua en una brizna de hierba. Gotas de agua sobre las hojas. Las hojas mismas: su forma, su textura, los patrones de encaje que las atraviesan. Un campo de hierba, especialmente cuando el viento lo visita con mayor o menor suavidad. Campos de maíz, de trigo, de cualquier cultivo. Las estrellas, la luna en todas sus fases. Por la noche, calles de la ciudad bañadas por la lluvia, gotas de agua en el parabrisas. Los rostros humanos son infinitamente hermosos. Y ni siquiera he mencionado las flores, los jarrones, la música, las artes en todas sus formas y las cosas bellas que usamos para decorar nuestros hogares.

Dados los efectos curativos de la belleza y la forma en que calma al alma y nos abre a la bondad de Dios, te invito a que hagas dos cosas:

Primero. ¡Recíbela como el regalo que es! Haz una pausa y deja que la belleza te ministre. Di: *Recibo esto en mi alma.* Con demasiada frecuencia percibimos el regalo, pero seguimos adelante, como el peatón que ve un billete de cien dólares en el suelo y no se agacha a recogerlo. ¡Detente y recógelo! Al hacerlo, te dispones a recibir la belleza, el regalo, la gracia en tu ser. Deja que ese regalo te entregue el amor de

Dios, su ternura, su rica bondad. Vivimos tan preparados, no franca sino muy sutilmente preparados para el día, preparados para el asalto a nuestra atención, preparados para el ruido que nos rodea.

Haz una pausa cuando te ofrezcan belleza y toma una decisión consciente: *Recibo esta gracia*. Abrimos nuestra alma cerrada para dejarla entrar. Para encontrar a Dios en ella. Oro una y otra vez: *Gracias por esta belleza. La recibo en mi alma. Y con ella te recibo a ti, en ella, por ella, a través de ella: tu amor, tu bondad, tu vida.*

Esa parte receptora es clave.

Yo a veces uso la pausa de un minuto simplemente para beber un poco de belleza. Y suspiro.

Segundo. Llena tu mundo de belleza, como la profesora Scarry, de Harvard, que se dio cuenta de que tendría que vivir un invierno especialmente sombrío:

> Mi casa, aunque austera por dentro, está llena de ventanas que dan a un jardín. El jardín arroja colores cambiantes a las habitaciones tristes: lilas, rosas, azules y charcos de verde. Un invierno, cuando yo estaba desolada porque mi jardín estaba bajo tierra, puse unas pinturas de Matisse en las paredes, trece en una sola habitación.[7]

¡Trece pinturas impresionistas en una sola habitación! ¡Ahí tienes! Llena tu vida de belleza o recordatorios de ella. Cuando nos sintamos acosados, atrapados, peleando o huyendo, la belleza nos parecerá un lujo para las personas que pueden irse de vacaciones. Pero la verdad es todo lo contrario. La belleza es una línea de vida que se nos lanza desde el cielo.

Capítulo cuatro

DESCONÉCTATE, SIMPLEMENTE

Esta mañana me encuentro sentado ante mi escritorio, escribiendo. Junto a mí, boca abajo, mi teléfono. Vibra. Vibra porque en vez de apagarlo, lo silencié. La vibración provoca en mí una respuesta refleja, una respuesta aprendida. Lo tomo, leo el texto que acaba de llegar, respondo, lo dejo y vuelvo a mi trabajo. Todo normal, solo que me toma unos momentos recuperar mi línea de pensamiento. De pronto, recuerdo que un amigo me envió un enlace a un artículo relacionado con lo que estoy escribiendo esta mañana, así que decido echarle un vistazo ahora que todavía no retomo la rutina de escribir. El artículo es útil y hace que mis pensamientos vuelvan a fluir, pero, como sabes, cuando ingresas a cualquier sitio web no solo recibes el artículo, sino que te expones a una experiencia visual que es un tercer artículo y dos tercios de publicidad. ¿Y cuál de ellos es más deslumbrante?

No llevo ni cinco segundos concentrado en el artículo cuando una pantalla emergente solicita mi dirección de correo electrónico.

¡Eso es irritante!

Cambio de pantalla (porque, por supuesto, tengo varias pantallas abiertas en segundo plano, como lo hacen la mayoría de los usuarios de computadoras y celulares) a uno de esos tan útiles programas bíblicos en línea para buscar un versículo. Más rápido de lo que puedo escribir «Salmos 1», los anuncios de Google aparecen en pancartas y columnas en los lados derecho e izquierdo de la pantalla. Como Google conoce mis hábitos de compra (en realidad, Google conoce una cantidad extraña de información sobre ti y sobre mí), me presenta todo tipo de anuncios perfectamente diseñados para llamar mi atención. El equipo de caza que estaba buscando para regalar a mi hijo en su cumpleaños, los aretes exactos que compré a mi esposa y otros cuatro como ellos. Hay videos y pancartas en movimiento, que son abrumadoramente molestos.

Me percato de que estoy totalmente alejado de lo que estaba escribiendo, así que opto por volver a la presencia de Cristo con algo de adoración. Antes había estado escuchando algo en YouTube, por lo que esa pantalla también estaba abierta en segundo plano. Pero, por supuesto, la adoración no es lo primero en la lista. Antes viene el fragmento de una película, la promoción de automóviles y algo más en lo que los genios del mercadeo gastaron millones porque saben que tienen cinco segundos antes de que yo haga clic en «omitir anuncio».

Al fin, como alguien que sale airoso de la prueba, regreso a mi trabajo. Pero enseguida recibo otra notificación en mi teléfono: mi aplicación meteorológica me está alertando de posibles nevadas para esta noche y, mientras trato de apagarlo, aparece un video de una extraña criatura marina lanzada por la marea a las playas de Florida: «¡Algo nunca antes visto por el hombre!».

Así transcurren nuestros días. Es cosa de todo el tiempo. Es como conducir de noche en una tormenta de nieve. Los faros iluminan las ráfagas que corren hacia tu parabrisas. Es todo lo que puedes ver. No es de extrañar que tan pocas personas disfruten de las gracias de la belleza o practiquen el desprendimiento benevolente. O incluso encuentren que es posible tomarse un momento de pausa. Nuestra atención está tomada constantemente como rehén.

EL ASALTO A TU ATENCIÓN

Ahora que nos estamos dando cuenta de cuán dañina es la tecnología, sobre todo en cuanto a las horas que pasamos frente a la pantalla, hay una discusión firme sobre cómo se ve el uso responsable de la tecnología. En particular para los menores de edad. (Sucumbiendo a la presión, Apple hizo su informe de tiempo de pantalla integrado en el iPhone). Por el amor de Dios, ahora que sabemos que el uso de las redes sociales está correlacionado con una mayor depresión y ansiedad, ¿realmente necesitamos más evidencia para convencernos de limitar su uso?[1] Comparto esas preocupaciones, por lo que mantengo mi tiempo ante la pantalla al mínimo. Pero fue solo cuando abrí el excelente libro de Matthew Crawford, *The World Beyond Your Head* [El mundo más allá de tu cerebro], que vi el cuadro completo: el asalto insistente e implacable a nuestra *atención*.

Noticias. Ofertas. Avisos. Alarmas. Actualizaciones. Publicaciones. Anuncios. Un incesante aluvión de «información» que trata de conquistar nuestra atención. Es imposible eludir esa avalancha atosigante. Yo vuelo de vez en cuando, y las aerolíneas saben que soy

una audiencia cautiva. Antes del despegue, pero una vez que tengo
mi cinturón abrochado, comienzan a aparecer los anuncios en la pantalla delante de mí y no puedo desactivarlos. Camino por un aeropuerto moderno y no es otra cosa que un centro comercial diseñado
como un casino, difícil de encontrar la salida. Salgo del aeropuerto y
me subo a un taxi; una pantalla frente a mí comienza de inmediato a
reproducir comerciales. ¡Y en voz alta! Conduciendo por la autopista,
mi atención es asaltada por vallas publicitarias electrónicas. Todos
esos estímulos demandan nuestra atención:

> La introducción de la novedad en el campo visual de uno ordena
> lo que los psicólogos cognitivos llaman una respuesta orientadora
> (una adaptación evolutiva importante en un mundo de depreda-
> dores): un animal gira su rostro y sus ojos hacia lo nuevo. Algo
> nuevo suele aparecer cada segundo en la televisión. Las imágenes
> saltan una tras otra de la pantalla y nos obligan a que las veamos.[2]

El daño aquí no está simplemente en los efectos insensibilizadores
de la tecnología. Como mencioné en la introducción, los estadounidenses consumen algo así como diez horas al día con los medios,[3] más
de cien mil palabras y treinta y cuatro gigabytes, lo que podría hacer
que una computadora portátil explote en una semana.[4] ¿De qué nos
sirve el constante aluvión de lo trivial, urgente, mediocre, traumático,
desgarrador o bufonesco cuando nos llega en un flujo interminable, sin
filtrar, inexplicable, no probado, inesperado, la mayor parte exenta de
valores reales y, sin embargo, le damos nuestra atención?

Después leí el libro que mencioné anteriormente, *Superficiales:
¿qué está haciendo Internet con nuestras mentes?*, por el cual Nicholas

Carr estuvo a punto de ganar el Premio Pulitzer. Carr comienza relatando numerosas conversaciones con hombres y mujeres muy brillantes, con doctorados en sus campos, que confesaron un fenómeno similar: el notable deterioro de su atención. A pesar de que esos intelectuales viven y se mueven en el mundo de los libros, la investigación, la literatura, Carr se sorprendió al saber que ya no podían leer más libros, ni siquiera artículos. No tenían paciencia incluso para una larga publicación de blog.[5] Luego, sigue documentando cómo Internet está remodelando no solo nuestra capacidad de asimilar información, sino que también está alterando las estructuras de nuestros cerebros. Ya no nos gusta que nos pidan que nos centremos en nada por mucho tiempo; estamos adaptados al estímulo rápido y breve de Internet y nuestros dispositivos móviles.[6]

Creo que sabes que el efecto zip, zip, zip tiene que ver con nuestra atención. Carr dice que parte de lo que hace que esto sea problemático es lo siguiente:

No es solo el pensamiento profundo lo que requiere de una mente tranquila y atenta, sino que también requiere de empatía y compasión. Los psicólogos han estudiado durante mucho tiempo cómo experimentan las personas el miedo y cómo reaccionan ante las amenazas, pero solo recientemente han comenzado a investigar las fuentes de nuestros instintos más nobles. Lo que están descubriendo es que, como explica Antonio Damasio, director del Instituto del Cerebro y la Creatividad de la Universidad del Sur de California, las emociones más elevadas surgen de los procesos neuronales que «son inherentemente lentos».

El autor de un artículo de portada en la revista *New York* dice que a medida que nos vayamos acostumbrando a la «tarea del siglo veintiuno» de «revolotear» entre fragmentos de información en línea, «el cableado del cerebro irá cambiando inevitablemente...». «Podremos perder nuestra capacidad «para concentrarnos en una tarea compleja de principio a fin», pero en compensación estaremos obteniendo nuevas habilidades, como la capacidad de «mantener treinta y cuatro conversaciones simultáneas en seis medios diferentes».

Vale la pena repetir aquí la conclusión de Carr:

El «frenesí de la tecnología», escribió Heidegger, amenaza con «consolidarse en todas partes». Es posible que ahora mismo estemos entrando en la etapa final de ese afianzamiento. Y dando en nuestras almas la bienvenida al frenesí.[7]

Esto lo sabías por propia experiencia; tu alma frenética ha estado tratando de decírtelo desde hace tiempo.

Pero las ranas todavía no se dan cuenta de las implicaciones reales de este calentamiento gradual del agua.

A través de los siglos, los seguidores de Cristo han creído que prestarle nuestra atención a Dios como una práctica normal era algo muy importante. Después de contar vívidamente los muchos desafíos de fe y carácter que tenemos ante nosotros, el autor de Hebreos dice:

Corramos con perseverancia la carrera que tenemos por delante. Fijemos la mirada en Jesús, el iniciador y perfeccionador de nuestra fe. (Hebreos 12:1-2)

Radiantes están los que a él acuden. (Salmos 34:5)

> ¡Cuánto amo yo tu ley!
> Todo el día medito en ella.
> Tus mandamientos me hacen más sabio que mis enemigos.
> Tengo más discernimiento que todos mis maestros
> porque medito en tus estatutos. (Salmos 119:97-99)

No creo que nos demos cuenta de lo mucho que nuestro uso de la tecnología y su ataque a nuestra atención ha hecho que lo que escribe el salmista nos resulte difícil de hacer. No se le puede prestar atención a Dios cuando nuestra atención está siendo constantemente atacada y tomada como rehén... y nosotros cooperando.

En una publicación de blog titulada «Ceguera móvil», el gurú del *marketing* Seth Goden escribe:

> Pasamos nuestro correo electrónico en vez de hacerle clic, lo escaneamos en vez de leerlo, incluso. Tenemos mucho más a nuestra disposición, pero rara vez profundizamos. Como resultado, pasamos por alto la letra pequeña; vamos directamente a los titulares. No nos fijamos en los matices. Las publicaciones de blog y los tuits se están haciendo cada vez más breves; es raro que nos detengamos en la versión larga. Es un diluvio de chismes y promesas sin sentido... La «fotoqueratitis o ceguera de la nieve», ocurre cuando hay demasiada radiación ultravioleta, cuando la luminosidad que llega a nuestros ojos es demasiado fuerte y no se la puede absorber. Algo similar nos está sucediendo con las nuevas tecnologías como resultado del tsunami de ruido que compite por nuestra atención.[8]

Ceguera móvil. El pase rápido. La incapacidad para quedarse y cavar profundo. Lo que importa es lo siguiente, lo siguiente y lo siguiente. Nuestra valiosa atención ha sido acicalada y tomada como rehén. Comparemos eso con el salmo 1 (el versículo que extraje de mi propia experiencia agresiva hoy):

> Dichoso el hombre que no sigue el consejo de los malvados, ni se detiene en la senda de los pecadores ni cultiva la amistad de los blasfemos, sino que en la ley del Señor se deleita, y día y noche medita en ella. Es como el árbol plantado a la orilla de un río que, cuando llega su tiempo, da fruto y sus hojas jamás se marchitan. ¡Todo cuanto hace prospera! En cambio, los malvados son como paja arrastrada por el viento. (Salmos 1:1-4)

Aquí se contrastan dos clases de personas, dos tipos de experiencias: el primer tipo tiene sus raíces bien profundas y, por lo tanto, da vida. Luego está la persona que carece de sustancia, que es superficial, tan efímera que su realidad se compara con las bocanadas de diente de león, la paja, que un soplo de viento puede barrer. La clave es esta: la persona arraigada es capaz de meditar, *presta atención constante* a la revelación de Dios. No se desliza, no es multitarea. Es de enfoque prolongado. Entonces Crawford pregunta: «A medida que nuestras vidas mentales se vuelven más fragmentadas, lo que está en juego a menudo parece ser nada menos que la cuestión de si uno puede mantener un yo coherente. Me refiero a un yo que pueda actuar de acuerdo con propósitos establecidos y proyectos en curso, en lugar de revolotear».[9]

Querido lector, no podrás encontrar más de Dios si todo lo que puedes darle es un movimiento rápido de tu atención.

ENAMORADO DE LA DISTRACCIÓN

Stasi y yo celebramos nuestro trigésimo quinto aniversario de boda con un viaje a Kauai. En nuestra opinión es la más hermosa de las islas hawaianas, quizás uno de los lugares más bellos del mundo. Acantilados volcánicos cubiertos de exuberante vegetación tropical se derraman hasta orillas del agua. Las flores de hibisco caen sobre los ríos apacibles que se abren paso a través de la jungla. Este no es el Hawái turístico. A excepción de Princeville, la costa norte es bastante borrascosa, y después de cruzar un par de puentes de un solo carril, sientes que realmente podrías estar a las puertas del Edén.

Sentados en una playa tranquila, sin nadie a nuestra derecha ni a nuestra izquierda, con más de doscientos metros de prístina arena blanca, era tan delicioso que esperaba que en cualquier momento hicieran su aparición paseándose por allí Adán y Eva. Cualquiera pensaría que con ese entorno no se necesitaría más para deleitar, encantar y calmar cualquier alma, pero... cuando decidí hacer una caminata por la playa, me encontré con un jovencito sentado debajo de un árbol de higuera mirando... ¡adivinen qué! Pues, eso: videos en su iPhone.

Ahhh.

¿No puedes desconectarte de tu tecnología ni siquiera en el paraíso?

Para ser justos, apuesto a que lo que sucedió es lo siguiente: el muchachito tenía su teléfono con él, porque todos andamos siempre con el teléfono, y alguien le envió un mensaje de texto con un video gracioso de YouTube, tanto que no pudo resistir el impulso; eso fue todo. Estaba pegado a una pequeña pantalla artificial viendo a un gato sentarse en un inodoro, cuando todo a su alrededor era de una belleza indescriptible, esa belleza que su alma necesitaba y a través de la cual llegaría a la presencia de Dios.

Y me vi reflejado en ese chico.

Porque yo también llevé mi teléfono a la playa y yo también respondí cuando el pequeño «sonido» me alertó de un mensaje de texto entrante. (Siempre tenemos una excusa; todo adicto la tiene. «Quería que mis hijos supieran cómo ubicarme»). Cada notificación llamaba mi atención, porque activaba la respuesta aprendida del cerebro para ver qué noticia acababa de llegar.

La dopamina te hace querer, desear, buscar, investigar. [...] Es el sistema opioide (aparte de la dopamina) el que te hace sentir placer. [...] El sistema que te hace desear te impulsa a la acción y el sistema gustativo te hace sentir satisfecho y, por lo tanto, dejas de buscar. Si tu búsqueda no se detiene al menos por un tiempo, entonces entras en un círculo vicioso. A esto se le llama «torbellino de dopamina». El sistema de dopamina es más fuerte que el opioide. Te hace buscar más de lo que ya te ha satisfecho [...] luego te recompensa por la búsqueda, lo que te hace seguir buscando. Cada vez es más difícil dejar de mirar el correo electrónico, dejar de enviar mensajes de texto o dejar de revisar el teléfono celular para ver si tienes un aviso o un mensaje de texto nuevo. El sistema dopamínico no tiene la saciedad incorporada. Es posible que ese sistema siga diciendo «más, más, más», lo que hace que sigas buscando aun cuando hayas encontrado la información que esperabas.[10]

Neo nunca estuvo tan total y completamente atrapado en Matrix.

Dado que la negación es una de las etapas de la adicción, permíteme hacerte un par de preguntas, querido lector: cuando tu pequeño sonido tañe, suena o silba avisándote que ha entrado un mensaje de texto, ¿lo ignoras simplemente y continúas con la conversación que estás sosteniendo, o leyendo lo que estabas leyendo, o disfrutando de la vista mientras conducías por el desierto? Lo digo en serio: cuando esa cosa vibra en tu bolsillo, ¿la ignoras? ¿O le echas mano en forma automática para ver de qué se trata? ¿Puedes apagar tu teléfono cuando llegas a casa por la noche y encenderlo de nuevo por la mañana? Cuando te despierta por la mañana, ¿vas por un café y una tostada, sin prisa antes de mirar tu teléfono, o es tu teléfono lo primero que miras todas las mañanas?

Sí. A mí también me pasa. Seamos sinceros: *preferimos* la distracción. Cuanto más nos dejamos llevar por la distracción, menos presentes estamos ante las diversas heridas, necesidades, decepciones, aburrimientos y miedos de nuestras almas. Es un alivio a corto plazo con consecuencias a largo plazo. Lo que me sorprende es lo totalmente normal que esto se ha vuelto. Es la nueva adicción socialmente aceptable. Tengo un amigo que decidió escapar de ese círculo vicioso; ahora apaga su teléfono durante el fin de semana. Le envío un mensaje de texto y no responde sino hasta el domingo por la noche o el lunes por la mañana. Me da vergüenza mi irritación: *Vamos, hombre, ya sabes el protocolo. Todo el mundo acepta estar totalmente disponible, en cualquier lugar, en cualquier momento. Eso es lo que hacemos.*

¿No pareces una especie de chiflado cuando apagas el teléfono?

El hermano de Jesús estaba tratando de ofrecer algunas pautas muy simples para una vida verdadera con Dios cuando, entre otras cosas, dijo: «La religión pura y sin mancha delante de Dios nuestro Padre es esta: atender a los huérfanos y a las viudas en sus aflicciones,

y conservarse limpio de la corrupción del mundo» (Santiago 1:27).
Lo impoluto del mundo es lo que me preocupa, cuando el promedio
de la gente hoy revisa su teléfono ochenta veces al día (¡!), y el setenta
por ciento dice que duerme con su teléfono al alcance de la mano.[11]

TENEMOS UNA OPCIÓN

Encontrar más de Dios, fortalecerte en alma y espíritu requiere que
apartes espacio en tu día para Dios, ubicarte decididamente en un
lugar que te permita aprovechar y experimentar el poder sanador de
Dios. A lo largo de los siglos, los seguidores serios de Jesús han usado
la quietud y la tranquilidad, la adoración, el ayuno, la oración, los lugares hermosos y una serie de otros «ejercicios» para beber profundamente de la presencia de Dios. Y desenmarañar sus almas del mundo.

El constante diluvio de hechos y comentarios intrigantes, escándalos y crisis, la orientación verdaderamente importante combina-
da con las últimas noticias de todo el mundo y la vida personal de
nuestros amigos dan al alma un sentimiento medicado de conciencia,
conexión y significado. En realidad, es la nueva Torre de Babel: el
acceso inmediato a todas las formas de «conocimiento» e información «innovadora» tan cercana como a la distancia de nuestros propios teléfonos, mientras estamos despiertos. Confunde al alma en un
estado de significado y propósito artificial, impidiendo el cuidado
genuino del alma y la vida con Dios. ¿Quién tiene tiempo para leer
un libro? ¿Plantar una mata en el jardín?

Permíteme decirlo de nuevo, porque es muy opuesto al aire social
que respiramos: lo que se ha convertido en el consumo diario normal

de insumos es adormecer el alma con un sentido y un propósito artificiales, mientras que, de hecho, el alma se vuelve más y más delgada
debido a la negligencia, forzada por la locura que pasa por una vida
progresiva. Literalmente estamos siendo forzados a conformarnos
con las «aguas poco profundas» de nuestras vidas.

No estoy regañando a nadie; estoy lanzando un salvavidas.

Los seguidores sinceros de Jesús en todas las épocas se han enfren-
tado a decisiones muy difíciles, casi siempre en ese punto de tensión en
el que sus vidas con y para Dios han corrido directamente en contra de
la norma cultural vigente. La nueva Torre de Babel es nuestra. Siempre
hemos sido «extranjeros y alienígenas» en el mundo, en la medida en
que nuestros valores han parecido tan extraños y raros para quienes
nos rodean. Ahora nos enfrentamos a una serie de decisiones que nos
harán parecer fanáticos: opciones como prescindir de las redes sociales; nunca llevar nuestros teléfonos inteligentes a las comidas, a las
conversaciones o los estudios bíblicos; bloquear nuestra entrada a los
medios para que podamos practicar la quietud todos los días.

La buena noticia es que realmente tenemos una opción. A diferencia de la persecución, las cosas que nos atacan hoy son cosas en
las que podemos elegir no participar.

¡INTÉNTALO!

Y ya lo estás haciendo, ¡estás leyendo un libro! ¡Bien hecho!

A medida que avances en la lectura, descubrirás muchas formas
maravillosas de desconectarte y estar completo. Por ahora, algunas
reflexiones sobre la tecnología...

- **Desactiva los anuncios.** No necesitas saber cuándo tu tía publicó otra foto de su perro en Facebook; podrás hacerlo cuando te sobre el tiempo. No necesitas saber sobre la tormenta de nieve en Ohio o lo vergonzoso que acaba de decir el presidente.
- **Aléjate de las redes sociales.** Intenta reducir su uso a la mitad durante una semana y verás lo que te ocurre. (A algunos de nuestros amigos les encantó tanto esta medida que decidieron dejar las redes sociales por completo).
- **Apaga tu teléfono a las ocho de la noche.** Date un poco de tiempo para las cosas reales. Y saca de tu cuarto toda la tecnología.
- **No revises tu teléfono tan pronto como te levantes por la mañana.** Dale la oportunidad a tu alma para que termine de despertar, disfruta de unos pocos momentos de tranquilidad.
- **No reacciones cuando tu teléfono suene o vibre.** Haz que espere hasta que lo agarres. De estos pequeños recursos estoy volviendo a hacer de mi teléfono una herramienta, algo que me sirve en lugar de algo a lo que yo le sirvo.
- **Haz cosas reales.** Pica vegetales, juega a las cartas, haz un rompecabezas, sal a caminar, aprende a tocar un instrumento musical.

Si creas un poco de espacio sagrado todos los días, Dios te encontrará allí. Y comenzarás a amarlo.

Capítulo cinco

BONDAD CON NOSOTROS MISMOS

Nuestro querido perro de la familia se está muriendo. Pero no pienso llevarte a través de esta tragedia; quiero contarte algo gracioso que estoy aprendiendo a través de ella.

Ayer, el veterinario nos dijo que nuestro tierno *Golden Retriever* —o cobrador dorado— está muy enfermo, y esta noche se supone que debemos salir a cenar con algunos amigos. Estoy destrozado porque hemos estado programando, cancelando y reprogramando esta cena hace seis meses. Una parte de mí realmente quiere ir, pero la otra está lidiando con la pérdida del perro de la familia. De lo que soy consciente en este momento es de la frecuencia con la que necesito dejar mi alma en espera mientras continúo con las exigencias de la vida. Todos lo hacemos. A pesar de nuestras luchas y aflicciones personales, la vida continúa. Pierdes a tu padre un miércoles y en la oficina esperan que te presentes al trabajo el lunes. El alma sufre. Es difícil en nuestra vida con Dios.

Sin embargo, esta noche no necesito dejar mi alma en espera. Nuestros amigos son comprensivos. Podemos reprogramar de nuevo. Me pregunto, ¿por qué la práctica de la bondad con mi propia alma es tan débil que no me costaría mucho ignorar algo tan precioso como la muerte de nuestro perro para «continuar con mi plan normal»? Este mundo nos obliga a movernos a velocidades tan altas que terminamos adoptando un solo estado emocional hacia todo: una condición general, demacrada y nebulosa; un «estoy» que se ajusta a cualquier circunstancia. Estoy en esta reunión. Estoy en esta llamada con mi madre. Estoy al tanto de las noticias que tiene el veterinario. No hay margen para nada más.

> Para alabanza de su gloriosa gracia, que nos concedió en su Amado. En él tenemos la redención mediante su sangre, el perdón de nuestros pecados, conforme a las riquezas de la gracia que Dios nos dio en abundancia con toda sabiduría y entendimiento. (Efesios 1:6-8)

Dios es rico en bondad, tanto que la ha derramado sobre nosotros. Esto es tan encantador y vivificador que tenemos que hacer una pausa y reflexionar en ello. Bondad. Una virtud tan sencilla que a menudo queda en segundo plano ante cualidades más dramáticas como la valentía, la santidad o el amor (la bondad se siente como el hijastro más joven al que hay que amar). Y, sin embargo, la bondad es algo tan maravilloso de recibir.

¿No te alegras cuando la gente es amable contigo?

Yo sí. En un mundo cada vez más irritado y hostil, un poco de amabilidad puede alegrarte el día. Estás tratando de encontrar un espacio para entrar al flujo intenso del tráfico y un automovilista, en vez de cerrarte el paso, se detiene y con una sonrisa te saluda y te da la oportunidad que buscabas. Has ido a la tienda a devolver un artículo y, después de esperar tu turno detrás de varios clientes, llegas al mostrador solo para darte cuenta de que olvidaste el recibo. «No se preocupe», te dice el empleado. «Podemos encargarnos de eso». Gestos tan simples pueden cambiar totalmente tu día. ¿O qué tal este? Te apresuras en llegar a casa porque prometiste a un matrimonio amigo que cuidarías a sus hijos para que pudieran tener una cita nocturna íntima y te detienen por exceso de velocidad. El oficial escucha tu historia y te dice: «Entiendo. ¿Qué tal si lo tomas con calma el resto del camino?» y no te da la multa que te habías ganado.

La amabilidad es simplemente maravillosa.

Ahora bien, el punto al que quiero que vayamos en esta reflexión es, realmente, más ignorado que ser amables los unos con los otros. Es el ser amables con nosotros mismos. Me sorprende el poder que tiene esta actitud.

UNA INVITACIÓN AMABLE

Esta semana he estado trabajando en casa en un proyecto de carpintería; específicamente, instalando unas barandas en la terraza. No las tuvimos durante años, pero ahora que Stasi y yo somos abuelos (a estas alturas, dos niñas que ingresan a la infancia y un nieto nuevo), de repente me doy cuenta de que necesitamos esas barandas para que nuestros pequeños aventureros no vayan a tener un accidente.

Esta mañana me tomó unas horas instalar un pasamano que me está resultando bastante difícil, al punto que me estoy frustrando. Pero como yo también soy terco, he persistido en su instalación pese a que la temperatura en la terraza es capaz de asar un pollo, y sigo trabajando una hora más. El pasamanos no cede. Por último, me doy cuenta de que necesito una cosa: alejarme. Dejar que gane él. Necesito entrar a la casa, refrescarme y almorzar. Esto que he hecho es nuevo para mí. He pasado treinta años como consejero enseñando a otras personas a ser amables con sus almas y siempre he sido bastante duro conmigo. Estoy aprendiendo a practicar la simple amabilidad conmigo mismo. El fruto de esta actitud es realmente bueno para mi alma; el efecto dominó es bueno, además de para mí, para todos los que me rodean.

La semana pasada estuvieron de visita en la ciudad unos amigos. Pensé que debía invitarlos a casa. Pero antes de enviar el texto, me detuve y le pregunté a Jesús qué le parecía la idea. *No lo hagas*, me dijo. *Estás completamente exhausto*. Y era cierto. Había pasado una semana de reuniones, ministerio, trabajo y, ahora, cuando estaba a punto de pasar mi única noche libre, la habría arruinado si Jesús no hubiera intervenido. Su consejo no vino como una orden; vino en el tierno espíritu de bondad. *No te hagas eso*.

Las prácticas que recomiendo en este libro las ofrezco con el mismo espíritu bondadoso con el que me habló Jesús. Creo que es la única manera en que podremos adoptarlas, *disfrutarlas* y mantenerlas a través del tiempo. Practicar la pausa de un minuto es un ejercicio bondadoso. Hacer espacio en nuestras almas para dar lugar a la belleza es bondad. Desconectarnos del constante aluvión de medios que nos llegan a diario es bondad. Hago estas cosas porque me traen vida; me acercan más a Dios; sanan y fortalecen mi alma. ¡Porque los resultados son maravillosos! Sería un tonto si no lo hiciera. Estoy siendo bondadoso conmigo mismo.

¿En qué otras formas podrías practicar la bondad hacia ti en estos días? Quizás en la manera en que te hablas a ti mismo, especialmente cuando explotas, echas a perder algo o decepcionas a un amigo. Puede ser en el ritmo con el que estás exigiendo que tu alma te siga. ¿Qué de las expectativas expresadas y no expresadas por las que vives, o en la lista de tareas que tienes actualmente por realizar?

EN NOMBRE DE OTROS

«Ama a tu prójimo como a ti mismo», enseñó Jesús (Marcos 12:31), lo que implica un vínculo directo entre uno y otro. Amar a nuestro prójimo es claramente un elemento esencial de la fe cristiana. Creo que todos tenemos ese elemento. Pero la frase «como a ti mismo» no se da en muchos cristianos. A mí me confundió durante años. Casi suena a psicología popular, algo que se vería bien en las portadas de las revistas en el puesto de venta de periódicos, justo al lado de artículos sobre «superalimentos cerebrales» o «cómo hablarle a tu mascota». Pero Jesús es muy práctico al hacer la comparación: ¡Trata a los demás como te tratas a ti mismo! Me parece ver en este mandamiento de Jesús una de sus brillantes revelaciones ocultas, porque no deberíamos tardar mucho en darnos cuenta de que si tratamos a nuestro vecino de la forma en que nos tratamos a nosotros mismos, no nos alcanzaría para calificar como supervecinos. Por lo tanto, Jesús conduce a casa un autocuidado saludable, vinculado a amar

a los demás. Si eso todavía te suena a espectáculo televisivo y no a
la Palabra de Dios, piensa en esto que dijo C. S. Lewis: «Amar a tu
prójimo como a ti mismo sería una orden terrible si yo me odiara a
mí mismo».[1]

La difícil verdad que no queremos admitir es esta: la forma en
que tratas a tu propio corazón es la misma en que terminarás tratando a los demás.

No estamos de acuerdo, así que nos revolvemos incómodos
y contraatacamos: «Eso no es verdad porque yo soy mucho más
paciente con mi hija que conmigo mismo». Es posible que así sea...
a corto plazo. Pero con el tiempo nuestras pequeñas frustraciones
comienzan a emerger a la superficie, y los niños, que son especialmente perceptivos a la aprobación y la desaprobación, captan esas
señales. Si tú eres un «supercuidadoso», te garantizo que expresarás
más satisfacción si tu hijo ordena su habitación según tus estándares
que cuando hace un trabajo menos que perfecto. La pulcritud hace
vibrar las cuerdas de tu propia sensibilidad y exclamas: «¡Ah! ¡Miren
qué habitación más linda! ¡Hiciste un gran trabajo!». Lo que el niño
aprende es: *A mi mamá le gusto más cuando soy ordenado.*

La mayoría de las veces no estamos conscientes de la forma en
que tratamos a nuestro propio corazón. Nuestra «manera» de tra-
tarnos es, simplemente, nuestra norma. Lo hemos hecho así durante
tanto tiempo que no nos damos cuenta, de la misma manera que
no nos percatamos cuando nos llevamos las manos a la boca para
mordernos las uñas o cuando interrumpimos a nuestro cónyuge para
terminar nosotros la frase que comenzó él o ella. El padre que habitualmente sofoca sus emociones comunica eso mismo a sus hijos,
con lo que refuerza aun su malestar al observar las emociones de su

hijo. E intenta apresurarlo a través de un proceso «reconfortante»: «Lo siento, hijo. Mañana te sentirás mejor». O «¿Qué tal si vamos por un helado?». De ese modo trata de llevar al niño a través de sus emociones a un punto decisivo, enseñándole a ser tan brusco con su propio corazón como él lo es con el suyo.

Así que, concretamente, el hecho sigue siendo: la forma en que tratas a tu corazón es la misma en que terminarás tratando a los demás.

Nada de esto es como para que te sientas avergonzado, ni siquiera un poco. Al contrario, ¡es inmensamente esperanzador! Por un lado, has abierto este libro y has estado leyendo hasta aquí; eso significa que estás buscando más a Dios y aprendiendo a cuidar tu alma (el vaso que él llena). Estamos en la parte que tiene que ver con la bondad que nos prodigamos a nosotros mismos y que se extenderá a quienes nos rodean. En la introducción mencioné la imagen de una fuente rebosando suavemente con las aguas de vida, el alma que está recibiendo a Dios en gracias incesantes. Rainer Maria Rilke tiene una hermosa imagen de esa fuente que luego se vierte en otras vasijas a su alrededor, que serían las vidas que nos rodean y que reciben la bondad que rebosa y se desborda de nosotros:

> Dos cuencas, una encima de la otra, dentro de un antiguo *rand* de mármol redondeado. Y desde la parte superior, las aguas vienen suavemente, derramándose a las aguas debajo de ellas que se paran y esperan y se encuentran con sus susurros.[2]

Dios es gentil; la amabilidad es apacible. Fluye en suaves susurros tanto dentro de nosotros como a través de nosotros.

EXPECTATIVAS NO HABLADAS, POCO REALISTAS

El otro día recibí otro de esos videos: un correo electrónico de un amigo con un enlace y la frase imposible de resistir: «¡No puedes dejar de ver esto!». Lo vi. Y fue impresionante, sin duda. Un video bellamente filmado acerca de un corredor profesional de motocross que había comenzado a surfear y quería combinar sus aventuras extremas. Así que construyó una moto que podía montar a gran velocidad en el mar. ¡De verdad! La filmación se hizo en Tahití. El clímax del video es cuando el atleta atrapa y surfea una ola en una motocicleta. Impresionante. Monstruoso. En la batalla por conseguir nuestra atención, este es un ganador fácil. Es deslumbrante.

Y completamente cruel, debido a que el efecto acumulativo de estas cosas crea dentro de nosotros todo tipo de expectativas tácitas, tal vez incluso inconscientes.

No creo que hayamos pensado en lo que le hace al alma vivir en una cultura donde ese tipo de cosas son el pan diario. Aparecen en mi bandeja de entrada todo el tiempo; sé que en la tuya también. Primero fue el salto base (la gente saltando desde acantilados y edificios altos con paracaídas o parapentes). Eso se convirtió en rutina, por lo que se elevó a saltar sin paracaídas, en «trajes voladores», planeando por el aire hacia zonas seguras de aterrizaje. Al hacerse esta modalidad rutinaria, vino lo que mostraba un video que recibí otro día: dos tipos saltando desde una montaña sin una zona segura de aterrizaje en un radio de varios kilómetros, planeando en trajes voladores por el aire y haciendo su «aterrizaje» en la puerta de un avión.

La actualización incesante de todo. Siempre empujando los límites. Extremo esto, extremo aquello.

Esta actualización incesante instala en nuestros corazones un conjunto de expectativas tácitas que, a menos que tu vida sea digna de YouTube, parece como que no vale la pena vivirla. ¡Aburridísima! (¿Por qué otra razón aumentarían la ansiedad, la depresión y la envidia en proporción directa con el uso de las redes sociales? ¡Porque estamos comparando nuestras vidas con lo que está en línea!). El poder está en el mensaje de que si quieres que tu vida esté a la altura y valga la pena, tiene que ser fantástica. Los hombres solían ponerse de rodillas para proponer matrimonio a sus novias; hoy en día eres un perdedor a menos que lo hagas saltando al espacio sin paracaídas o descendiendo en un kayak por las cataratas del Niágara.

Este fenómeno está dando forma al cristianismo, o a las prácticas cristianas y, peor aún, a nuestras expectativas espirituales. Los conjuntos de adoración modernos no solo necesitan músicos *extraordinariamente* talentosos, jóvenes y bien parecidos, sino que también en sus actuaciones en vivo empleen todos los recursos electrónicos que les ofrecen los multimedios para mantener la atención. Ahora los servicios de la iglesia compiten con la puesta en escena, la iluminación, los efectos especiales y las películas a nivel de concierto. La terrible suposición tácita que surge es esta: si vas a encontrar a Dios, si vas a tener más de Dios, lo conseguirás mediante una superexperiencia, algo delirante y exagerada. Y pensamos que una vez que tengamos a Dios, la prueba será una vida espiritual exagerada. Nada de eso es cierto. Es inútil e inmensamente cruel. Esta expectativa lo único que hace es que las experiencias más profundas con Dios parezcan inaccesibles para la mayoría de nosotros.

Necesitamos más de Dios; es *cierto*. Necesitamos mucho más. Pequeños sorbos entre largas sequías no nos sostendrán. Necesitamos más de Dios en nuestros cuerpos, en nuestras almas, en nuestras relaciones, en nuestro trabajo, en todos los aspectos de nuestras vidas. Pero cuando vivimos en una cultura entregada a un desenfreno por buscar cada vez experiencias más extremas, la impresión que queda es que si vamos a tener una experiencia más profunda, más rica y sorprendente con Dios, tendrá que producirse de una manera sensacional.

Pero ante todo esto, te tengo una noticia maravillosa. No. No andas ni cerca.

La vida se construye en los aconteceres diarios; los que suceden todos los días. Piensa en el amor, en la amistad y en el matrimonio.

El amor, la amistad y el matrimonio no se basan en hacer paracaidismo juntos, ni en viajar a París, ni en pasear en kayak por el Amazonas. No en eso. Quizás una vez en tu vida puedas hacer algo así, pero lo fantástico no es algo que haces todos los días. El amor, la amistad y el matrimonio se nutren en el contexto de cosas sencillas como el desayuno juntos, pasar el rato charlando, compartir una enchilada, tomarse de la mano, caminar al atardecer, lavar los platos, leerse unos a otros o simplemente leer cosas diferentes mientras están juntos en la misma habitación. Son las pequeñas cosas las que construyen una vida hermosa.

Me encanta la aventura. Amo el mar. Me encanta escalar. Me gusta el piragüismo, el montañismo y andar en motocicleta. Pero este es el punto: si quieres ir a Yosemite y cumplir el sueño de ser un gran escalador, tu día no se sentirá emocionante en absoluto; se parecerá a hacer lagartijas en casa. Si deseas hacer un viaje de aventura en motocicleta por Escocia, tu día parecerá tan igual como que te subas a tu bicicleta y des un paseo por la ciudad donde vives. Solo sal y acostúmbrate a hacerlo, esquivando al perro del vecino que siempre corre frente a ti y deteniéndote cuando la anciana que conduce su automóvil frena sin previo aviso. Lo estás convirtiendo en una segunda naturaleza, para que cuando *salgas* puedas escalar la gran pared y hacer los viajes que te gustaría realizar.

Así es como funciona la vida con Dios, queridos amigos.

Creo que Dios tiene cosas maravillosas para nosotros, realmente lo creo. Yo he sido parte de algunas experiencias extraordinarias con Dios. He tenido aventuras en todo el mundo con él. Pero yo no *vivo* allí. Llegar allí, al igual que amar o cualquier otra cosa maravillosa en esta vida, comienza en los día a día. Y en este punto hemos vuelto a las pequeñas cosas que hacemos. Así es como practicamos la amabilidad con nosotros mismos, en los hechos cotidianos.

¡INTÉNTALO!

Volvamos a la amabilidad por un momento; intentemos estas prácticas con un espíritu *bondadoso*.

¿Cómo ves ahora la bondad con que te tratas a ti mismo?

¿Cómo te hablas? ¿Cómo actúas para contigo mismo? ¿Eres duro? ¿Implacable?

¿Qué me dices sobre las expectativas que tienes ahora de hacer las cosas? ¿Es la eficiencia lo que gobierna tu vida?

El ritmo de la vida también es un buen barómetro. ¿Cuál es el ritmo que normalmente te exiges? ¿Demandarías el mismo ritmo a alguien que amas? Pregúntale a Jesús: *¿Cuál es el ritmo que quieres para mí ahora, Señor?* Sin duda que él tendría algunas cosas que le gustaría decirte sobre eso. No en el sentido negativo, sino empleando hermosas sugerencias para que las vivas.

Hoy hemos tenido otro día caluroso (Colorado ha estado abrasador en este verano). Estaba dentro de la casa esperando que la temperatura afuera bajara un poco para ir a atender a los caballos. Entonces, sentí que Jesús me susurraba: *Deberías ir ahora.* «¿Ahora?». *Sí, ahora.* Así que me apresté y salí. Al observar el cielo, noté algunos cúmulos que se iban aglomerando en lo alto. (Me encantan esas grandes nubes de verano). Apenas llegué al granero comenzó a llover. Así que me instalé bajo la protección de un saliente del terreno y pasé los siguientes treinta minutos mirando simplemente cómo mecía el viento las altas hierbas mientras la lluvia caía sobre el valle. Fue absolutamente encantador y muy restaurador. La belleza es tan curativa. Me habría perdido todo eso si no hubiera escuchado la sugerencia de Jesús.

La lluvia cesó, atendí a los caballos y Jesús me dijo: *Deberías irte ahora.* Yo no quería hacerlo, pero obedecí. Tan pronto como entré a la casa, se desató una tormenta que me hizo pensar en el diluvio bíblico.

Una historia sencilla. Nada dramático, pero una hermosa imagen de cómo Dios realmente quiere llevarnos al descanso, la belleza y la restauración.

La amabilidad consiste en no esperar perfección, no exigirte que sientas algo, ser cortés contigo mismo en el lento viaje de tu corazón hacia Dios.

Capítulo seis

PERMITE LAS TRANSICIONES

Uno de mis libros favoritos es *El cuerno del cazador*, escrito por el brillante periodista deportivo Robert Ruark. La obra relata las aventuras de un safari africano realizado después de la Segunda Guerra Mundial. Me encanta la narración que Ruark hace de sus aventuras por varios meses en la naturaleza africana cuando todavía era en gran parte salvaje. Hay algo romántico en esa era de las tiendas de campaña, los todoterreno Land Rover entre los montes sin carreteras y todos los animales clásicos de la escena. Me encanta el libro, además de eso, por el ritmo de vida que recoge el autor. Nadie anda apurado, ni hombre ni bestia. La saga tiene un ritmo lento, casi somnoliento, muy afín a los días lánguidos y las noches húmedas de la sabana africana.

En los días de Ruark, un viaje a Tanganica era una aventura; como ir hasta los confines de la tierra. A finales de los años cuarenta uno volaba de Nueva York a Londres, de Londres a París, de París

a Roma, de Roma a El Cairo, de El Cairo a Asmara, de Asmara a
Addis Abeba, de Addis Abeba a Nairobi. Luego por tierra, a pleno
monte, en un Land Rover. Ruark describe cómo se sintió en su primera mañana al despertar en la jungla, tan lejos de su departamento
de Nueva York (acababa de escuchar a un león acercarse):

> La transición de Nueva York al regazo de un león fue muy rápida.
> Creo que fue Philip Wiley el que dijo una vez que cuando viajas
> en avión dejas un poco de tu alma atrás. En mi seminconsciencia,
> me di cuenta de que una parte de mi alma estaba en algún lugar
> entre Roma y Asmara, quizás en Eritrea y que podría permanecer
> allí. O tal vez ahora estaba tratando de registrarse en el segundo
> peor hotel de Addis Abeba...
> El león tosió, bastante cerca. Las aves, los insectos y los
> babuinos crean una nueva sinfonía. Según los cálculos, mi alma
> estaría saliendo del avión de Etiopía en Nairobi.[1]

Aquellos de ustedes que han experimentado el llamado desfase
horario de los viajes internacionales pueden entenderme: cuando
viajas en avión sientes como si hubieses dejado un poco de tu alma
atrás; y a menudo, toma unos días recuperarse. Me gusta el relato
que hace Ruark porque me parece anticuado. ¿Una transición muy
rápida? Le llevó casi dos *semanas* llegar a la sabana. Yo volé sin escalas
desde Atlanta a Johannesburgo en quince horas. Pero me gusta que
alguien diga que es desagradable brincar de una realidad a otra sin
una transición muy larga.

Yo también recuerdo mi primera noche en la sabana. Los chaca-
les me despertaron con sus espeluznantes carcajadas, tan diferentes

del coyote americano. El sonido me desconcertó cuando, medio adormilado por el desfase horario, caí en mi catre. Seguro mi alma se encontraba en algún lugar sobre el Atlántico. Según «el criterio» de mi cuerpo, el desayuno lo tomamos a las siete de la noche, las siete de la noche anterior. Y en seguida, nos lanzamos a nuestra propia aventura africana: dos días de caza de antílopes con arco antes de un viaje de negocios, pero las cosas se complicaron. Y todo resultó definitivamente mal. No era así como quería conocer África. El ritmo no fue el correcto.

CÓMO SE PIERDE EL SENTIDO DEL TIEMPO

Stasi y yo asistimos al funeral de un amigo de la familia este otoño, un hermoso joven cuya vida se truncó en sus veintes. Esas son ocasiones terribles y conmovedoras, llenas de tantas emociones conflictivas. Los abrazos, las conversaciones susurradas, las lágrimas con muchas personas que estaban en *shock* por lo que había sucedido. El servicio fue hermoso y doloroso. Nuestra familia necesitaba estar junta después —no puedes irte a casa después de algo como esto—, así que planeamos salir a almorzar. Pero simplemente no pude hacer esa transición con la rapidez que habría deseado. Mientras que la mayoría de los asistentes salía en silencio de la iglesia, me quedé mirando por la ventana y dejando que las lágrimas fluyeran libremente sin hacer el menor esfuerzo para contenerlas y salir a integrarme a las conversaciones de las personas que estaban afuera. Mi alma necesitaba a Dios, y él me estaba esperando allí en una amable transición.

Creo que fue Archibald Hart quien dijo que debido a que estamos tan acostumbrados a apretar el acelerador en nuestro propio mundo, pasamos por alto lo que nos dicen los evangelios acerca de todos los momentos en los que Jesús y sus seguidores iban de un pueblo a otro. Cuando el texto bíblico dice: «Al día siguiente, Jesús decidió salir hacia Galilea» (Juan 1:43), proyectamos nuestro propio ritmo sobre el incidente, sin darnos cuenta de que les llevó *tres días caminando* llegar allí. Tres días simplemente paseando, hablando o compartiendo en silencio la belleza del entorno; las pausas para el almuerzo o para beber agua de un pozo; las fogatas en la noche. Incluso mientras escribo esto, aquello me parece un lujo. Jesús no pasa bruscamente de una historia dramática a otra; había tiempo para la inactividad, para la transición entre una y otra de las demandas que reclamaban su presencia. Y había un tiempo para procesar lo que había sucedido (estos eran los momentos en que los discípulos hacían preguntas; «¿Qué quisiste decir con...?»). Era la hora de recuperar el aliento antes del próximo encuentro.

Ese es el ritmo que Jesús siente como algo razonable para las personas involucradas en cosas importantes y que desean una vida con Dios. Un tiempo que clasificaríamos casi como de vacaciones, ya que esos son los únicos períodos en los que nos permitimos dar un paseo, prolongar la sobremesa después de un almuerzo, mantener una conversación tranquila junto a una fogata. Las personas modernas altamente progresistas intentamos mantenernos bien sin ninguno de esos intervalos y transiciones.

Las cosas que nos exigimos a nosotros mismos: pasamos de una conversación tierna con nuestro hijo de ocho años ansioso por ir a la escuela a una llamada telefónica furiosos con nuestra compañía de seguros mientras conducimos al trabajo, seguida de una conversación rápida con nuestra hermana que necesita una decisión acerca de la «unidad del cuidado de la memoria» para nuestros padres ya mayores; luego nos zambullimos en una serie de reuniones de negocios, en el transcurso de las cuales nos ocupamos de varias otras cosas y enviamos algunos correos electrónicos; despedimos a un empleado, entrevistamos a otro, hacemos reservas para la cena de cumpleaños de nuestro cónyuge, nos acomodamos para una conversación con nuestro jefe porque no podemos decirle que no, y llegamos a la cena tarde y todos ojerosos.

Y luego nos preguntamos por qué tenemos dificultades para encontrar a Dios, recibir más de él, y sentirnos llenos de vida.

El técnico en emergencias médicas, que abandona la escena de un terrible accidente, corre para llegar a su grupo de estudio bíblico y luego se pregunta por qué no pudo encontrar a Dios allí. La maestra que llega a casa devastada después de un día agotador tratando de controlar un aula desenfrenada intenta vincularse con su propio hijo, pero parece no encontrar la forma de hacerlo. El pastor moderno que necesita ser un experto en bienes raíces en una reunión, un brillante consejero de traumas en la siguiente y un amigo atento durante el almuerzo, solo para cambiar al rol de alto ejecutivo corporativo en la reunión que sigue.

Estamos forzando nuestras almas a través de múltiples cambios de marcha cada día, cada *hora*, y después de años de esto, nos preguntamos por qué ni siquiera estamos seguros de qué afirmar cuando un amigo nos dice: «¿Cómo estás?». La verdad es que no sabemos cómo estamos ni cómo nos sentimos. Vivimos a una sola velocidad: ¡Arranca! Todas las sutilezas de la experiencia humana han sido forzadas a un solo estado de ser.

¡Misericordia! ¡No hay alma que haya sido destinada a vivir así! ¿Qué clase de locura hemos llegado a aceptar como normal cuando una pausa de un minuto la sentimos como un lujo?

RECUPERA LAS TRANSICIONES

Tu alma es el vaso que Dios quiere llenar, pero no lo podrá hacer si tu alma está estrujada, retorcida, macilenta, reseca. Dicho de otra manera, no podrás aceptar un regalo con las manos apretadas. Esa es la condición de la que estamos tratando de recuperarnos para evitar males mayores; lo que nos lleva a detenernos en lo importantes que son las transiciones como expresión de amabilidad.

Cuando nuestros hijos eran jóvenes, establecimos una tradición familiar de vacaciones de verano en el Parque Nacional Grand Teton, en Wyoming. Ríos, lagos, montañas, helados, vida salvaje, como los campamentos de verano, pero todo adaptado a nuestros propios deseos. Recuerdos preciosos. Ahora nuestros hijos están criando a sus propias familias, ocupados con sus carreras y comunidades eclesiales, por lo que esos viajes son cada vez más difíciles de realizar.

El verano pasado pudimos hacerlo de nuevo, esta vez con un desfile de cochecitos, asientos especiales para bebés en los automóviles y cunas portátiles. Pasamos un tiempo precioso que se nos hizo corto. Debido a las exigencias de sus vidas, nuestros hijos necesitaban volar directamente a casa. Pero Stasi y yo decidimos manejar para establecer un ritmo amable sobre nuestro regreso. Interrumpimos el viaje para pernoctar una noche en un pequeño y encantador motel a lo largo del río Wind, en un pueblo de Wyoming muy querido por nosotros.

Claro, si hubiésemos deseado, habríamos podido llegar a casa en dos horas, no en dos días, si también hubiésemos volado. O, podríamos haber hecho el viaje por carretera en un trayecto directo y haber llegado a casa el mismo día. Pero hemos aprendido que sacar nuestras almas de las montañas, la belleza, la familia, la alegría y la felicidad para arrojarnos de vuelta a nuestro mundo es simplemente impetuoso. Estamos aprendiendo a reconocer la importancia de las *transiciones*.

¿Te permites el favor de hacer transiciones en tu vida o simplemente pasas de una cosa a otra sin pausa?

Cuando se estaba produciendo la revolución tecnológica del siglo veinte, liderada por el desarrollo del microchip, la humanidad observó estupefacta el avance en el diseño acelerado por computadora y la rapidez con la que podíamos procesar la información. (La primera computadora era del tamaño de una casa; ahora llevas su totalidad en una mano). Lo que condujo a avances en las comunicaciones, el comercio, los viajes. (Por «avances», lo que quiero decir principalmente es mayor *rapidez*; es decir, hemos podido hacer todo mucho más rápido). La expectativa era que la tecnología nos haría más fácil la vida, que tendríamos más espacio para las cosas que amamos.

Y ha ocurrido exactamente lo contrario.

La tecnología se encargó de nuestras vidas para darnos seguridad, pero en vez de proveernos más espacio para vivir, nos ha obligado a correr al ritmo vertiginoso que ella impone. (¿No te impacientas cuando tu computadora tarda diez segundos en arrancar en vez de dos? ¿O cuando no puedes acceder a tu aplicación favorita porque en ese momento tu celular ha perdido la señal?). Sin pensarlo, simplemente esperamos que nuestras almas procesen la información y accedan a las comunicaciones tan rápido como las computadoras y los dispositivos móviles. El «correo electrónico» reemplazó las cartas manuscritas; los mensajes de texto reemplazaron el correo electrónico. Pero los mensajes de texto están resultando demasiado complicados (¿puedes creerlo?), así que recurrimos al *emoji*. Una carita para que nuestros seres queridos sepan que estamos sorprendidos o avergonzados, enojados, felices o tristes. En extremo eficiente, aunque despojado del más mínimo sentido de humanidad. ¿Es esto progreso? Con sinceridad, ¿no puedes detenerte el tiempo suficiente para escribir una respuesta?

(Ahora pareciera que incluso el *emoji* está demandándonos demasiado esfuerzo; así es que... mis amigos han empezado a responder mis mensajes de texto con un signo de exclamación de «me gusta», o con el igualmente banal dispositivo de respuesta instantánea «jajá». Esto ni siquiera es comunicación; nos estamos gruñendo unos a otros como cavernícolas).

A finales de los años ochenta trabajé en Washington, D. C. Me movilizaba en tren. Mientras iba y venía, podía leer o simplemente mirar por la ventana. No podía enviar correos electrónicos, ni consultar las últimas noticias, ni actualizar mi perfil, ni enviar mensajes de texto a nadie. Llegaba a casa desenredado de la intensa vida de Capitol Hill y mucho más capaz de interactuar con mi familia, mis amigos y las alternativas del trabajo. La tecnología y el asalto resultante a nuestra atención nos han despojado de espacios y oportunidades de transición ordinarios. Tan pronto como tenemos un momento de inactividad, todos echamos mano de nuestros teléfonos. Incluso yo.

El otro día estaba en la oficina del departamento de vehículos motorizados, actualizando el registro de un automóvil. Al darme cuenta de que pasaría algún tiempo antes de que me atendieran, instintivamente busqué mi teléfono. Me detuve a tiempo y decidí sentarme. Mirar a mi derredor. Respirar un poco. Observar a la gente. Me alarmé al percatarme de la cantidad de disciplina que necesitaba para hacer eso. ¡En realidad, ya no sabemos qué hacer con el tiempo de inactividad!

INTERRUPCIÓN DIVINA

Mis hijos han estado practicando triatlón (deporte en el que los atletas compiten en una prueba multidisciplinaria compuesta por carrera, ciclismo y natación). En el triatlón a menudo la victoria la determina el tiempo en que se pasa de una disciplina a otra, lo que se conoce como transición. Cuando el atleta sale del agua y debe desplazarse hacia su bicicleta, en la carrera de un punto al otro se quita el traje de neopreno, se pone los zapatos y el casco, se monta en la bicicleta y comienza a pedalear lo más rápido posible. El objetivo es hacer todo eso sin dejar de moverse. Esta es precisamente la actitud que hemos adoptado ante los acontecimientos de nuestras vidas. La diferencia está en que, en un triatlón, las transiciones tienen que reducirse a nada. Lo que no ocurre en los espacios que quedan entre los diferentes eventos de la vida humana.

Me pregunto cuántas situaciones que calificaríamos de «decepcionantes», «molestas» y «contratiempos» en realidad podrían ser la mano amorosa de Dios que trata de detenernos por el bien de nuestras almas y para que podamos recibirlo.

Unos amigos estuvieron recientemente de vacaciones en México. Ocho días encantadores para celebrar su aniversario. Disfrutaron de un sol radiante hasta el último día, cuando llovió a cántaros las veinticuatro horas. Ni una posibilidad de ir a la playa. Solo quedarse adentro, por lo que se dedicaron a leer. Estaban decepcionados; les pareció que les habían robado su último día, hasta que se dieron cuenta de lo amable que era Dios en prepararlos para dejar lo que parecía un paraíso y regresar a sus mundos exigentes, abandonando playas doradas, sandalias y veintiocho grados para volver a la nieve y al aguanieve en el noroeste. Entendieron a tiempo que Dios les había provisto un día de transición para permitirles a sus corazones un cambio de ambiente más suave.

A menudo, Dios nos brinda la oportunidad de una transición adecuada, pero como no tenemos ojos para verla, es posible que no nos demos cuenta de ella.

Un amigo mío volvía a casa después de un viaje de negocios. Al correr por el aeropuerto para intentar conseguir un asiento de espera en un vuelo anterior, tuvo una fuerte discusión por teléfono con su esposa. No logró reservar el asiento, por lo que tuvo que esperar varias horas. Al principio, estaba furioso. La discusión que había tenido con su esposa se agregó a sus problemas de viaje. Poco a poco se fue calmando hasta que se dio cuenta de que Dios había estado en ese retraso: que necesitaba esas horas en el aeropuerto, primero para calmarse, y luego para percatarse de que la discusión había surgido porque le exigía a su esposa que viviera al ritmo furioso en que él lo hacía. Esas horas le dieron el espacio para meditar al respecto, le dieron tiempo suficiente con Dios con el fin de que su alma llegara a la gracia del arrepentimiento y llamara a su esposa. Se habría perdido toda esa encantadora redención si se hubiera permitido continuar lo que él consideraba simplemente el ritmo normal de un día usual.

Nuestras almas necesitan tiempos de transición. En especial en este mundo. A Dios lo encontraremos en las transiciones. Si te fijas en los evangelios, vas a notar que fue durante esos tiempos de transición que los discípulos llegaron a tener a Jesús para ellos solos; la intimidad se manifestaba en esos momentos. Dios también está involucrado en todo esto; claro que lo está. Nos encuentra en las crisis y en la acción. Pero hay una gran dulzura en el tiempo de inactividad, aun cuando sea breve. Podemos encontrar más de Dios ahí.

¡INTÉNTALO!

Pongamos en práctica la amabilidad. Creemos deliberadamente espacio para las transiciones.

La pausa de un minuto es una herramienta maravillosa. Estoy aprendiendo a usarla en medio de los días ocupados, cuando normalmente me «lanzaba» al salir de casa por la mañana, y explotaba todo el día como el transbordador espacial desde una reunión a una llamada telefónica a escribir algo, a conversar para el almuerzo y volver de nuevo a lo mismo. Esto es nuevo para mí y muy bueno para mi alma: hacer una pausa después de colgar el teléfono y antes de volver al correo electrónico o a hacer otra llamada; pausa después de una reunión antes de entrar a otra; pausa cuando llego al trabajo después de mi viaje matutino; y pausa cuando me detengo en el camino de entrada a casa al final del día.

Si tienes cinco minutos de espera, no mires tu teléfono. Solo... sé tú. Mira a tu derredor; observa a la gente.

Cuando planifiques días festivos o vacaciones, o actividades futuras como un servicio conmemorativo al que debas asistir, crea un pequeño espacio para la transición antes y después. En especial después.

Seamos francos: tenemos que cambiar nuestra comprensión de la eficiencia. La eficiencia es la que a menudo nos impulsa a eliminar toda posibilidad de transición en nuestras vidas para llenar cada momento. Esto es especialmente difícil en nuestras relaciones.

La eficiencia es el «cómo» de la vida: cómo satisfacemos y manejamos las demandas del quehacer diario, cómo sobrevivimos, crecemos y creamos, cómo lidiamos con el estrés, cuán efectivos somos a las demandas en nuestros roles y actividades funcionales. En contraste, el amor es el «porqué» de la vida: por qué nos mantenemos activos, por qué queremos ser eficientes...

El amor debe ser lo primero; el comienzo y la razón de todo. La eficiencia debería ser «cómo» el amor expresa su «por qué». Pero con qué facilidad se confunden. Cuando era padre en mi juventud, quería cuidar bien *a* mis hijos (eficiencia) porque me preocupaba mucho *por* ellos (amor). Pero pronto la eficiencia tomó el lugar del amor. ¿Qué estaban comiendo mis hijos? ¿Estaban durmiendo lo suficiente? ¿Llegaríamos a tiempo al lugar adonde íbamos? De esta forma, mis preocupaciones por la eficiencia comenzaron a eclipsar al amor, al que debía servir. Llegar a tiempo a nuestro destino se volvió más importante que atender un pequeño temor o un sentimiento de dolor. Con demasiada frecuencia, la libreta de calificaciones, el símbolo preeminente de la eficiencia infantil, importaba más que las esperanzas y los temores del pequeño que la trajo a casa. Nos pasa a todos.[2]

De esta manera, adoptamos una pequeña ineficiencia en nuestras vidas. Así, ¿qué pasa si vamos a llegar tarde a nuestro destino? No es un problema muy grande. ¿Que hay que esperar un día más para que te respondan tu correo electrónico? Es bueno para ti y probablemente sea bueno para ellos.

Y cuando se trata de cosas difíciles: las noticias inesperadas, el retraso, el contratiempo, practiquemos la amabilidad. Justo hoy estaba esperando que llegara mi tiempo para escribir. Por la tarde tuve varias horas bloqueadas para trabajar en este libro. Y cuando llegué a casa, había algunos mensajes preocupantes de las compañías de tarjetas de crédito. Después de algunas llamadas supimos que nuestra identidad había sido violada. Tuvimos que hacer varias llamadas para tratar de detener la hemorragia. Logramos resolver las cosas, pero fue estresante y molesto. Hecho eso, necesitaba reanudar mi trabajo como escritor. La vida continúa. Pero mi alma no estaba lista. Así que dejé un poco de espacio para la transición. Toqué música de adoración mientras me sentaba en mi oficina. Y cuando comencé a trabajar, empecé con tareas simples como verificar la investigación, recoger algunas notas perdidas. Amabilidad. Transición.

Capítulo siete

SAL

Una de las mejores cosas que me pasó este verano fue que se me haya dañado el aire acondicionado de mi camioneta. Este vehículo tiene ya doscientos sesenta mil kilómetros, así que no me molesté. El problema me obligó a manejar con las ventanas abiertas, lo que me vinculó al mundo de una manera que ni siquiera sabía que necesitaba. En el pasado, los automóviles solían venir equipados con pequeñas ventanas triangulares tanto en el lado del conductor como en el del pasajero. Las llamaban «aire acondicionado de Texas» o «aletas» y la gente las volteaba hacia adentro para facilitar la entrada del aire a la cabina del vehículo. Ya no se ven porque preferimos conducir encerrados en nuestro pequeño caparazón. Como escribió Robert Pirsig en su clásico de los años setenta, *Zen and the Art of Motorcycle Maintenance* [Zen y el arte del mantenimiento de la motocicleta]:

En el automóvil, siempre vas encerrado en un compartimiento y, como estás acostumbrado, no te das cuenta de que a través de la ventana, todo lo que ves no es más que televisión. Eres un observador pasivo y aburrido de todo lo que se mueve en un marco.[1]

Conducir con las ventanas abiertas me obligaba a ir un poco más lento, algo bueno en sí mismo, lo que me permitía disfrutar de todos los maravillosos aromas del verano: campos de heno, bosques de pinos, pavimento mojado después de una lluvia, ríos (sí, los ríos tienen una fragancia muy distinta; algunos ríos costeros huelen a mercado de pescado, pero los ríos que fluyen desde las altas montañas tienen un aroma encantador que yo llamaría «néctar de bosque» o «frescura verde»). Disfruté tanto la experiencia que me tardé meses en hacer reparar el aire.

ENVUELTO EN PLÁSTICO

El comienzo del siglo veintiuno ha visto algunos titulares bastante alarmantes: el 11 de septiembre; Katrina; Afganistán; la limpieza étnica en Sudán; el Estado Islámico, Siria; varios bombardeos y terremotos; la crisis mundial de refugiados.

Hace poco vi en una revista una información que me impresionó, al punto que tuve que leerla dos veces. No aparecía en la portada, pero debería haber estado allí. Decía que la persona promedio pasa ahora el noventa y tres por ciento de su vida en ambientes cubiertos (esto incluye el tiempo de transporte en automóvil, autobús o metro).[2] Noventa y tres por ciento. ¡Una información asombrosa!

Deberíamos hacer una pausa por un momento y dejar que la tragedia nos inste a pensar.

Que una persona promedio pase el noventa y tres por ciento de su vida en interiores significa que si vive hasta los cien años, habrá pasado noventa y tres de ellos en un pequeño compartimiento y solo siete años afuera en el deslumbrante mundo viviente. Si vivimos hasta los setenta y cinco, habremos pasado sesenta y nueve y tres cuartos de nuestros años en interiores, y solo cinco y un cuarto en exteriores. Eso incluye nuestra infancia. ¿Cómo puede un niño ser niño si solo pasa unos meses de toda su niñez al aire libre?

¡Esta es una tragedia! El último paso para el deceso del alma. Vivimos casi toda nuestra vida en un mundo falso: iluminación artificial en vez del calor de la luz solar o el frío de la luz de la luna o la oscuridad de la noche. Clima artificial en lugar de la belleza natural del clima real; la temperatura en nuestro mundo está permanentemente en los veinte grados centígrados. Todas las superficies que tocamos son de plástico, nailon y piel sintética en vez de praderas, madera y arroyos. Chimeneas falsas; frutas de cera. La atmósfera que respiramos es asfixiante con olores artificiales, en su mayoría químicos y productos «medio ambientadores», en lugar de hierba cortada, humo de leña y aire salado (¿cuántos ya están llorando?). En vez del grito del halcón, el trueno de una cascada y el consuelo de los grillos, nuestro mundo te llena de sonidos artificiales: todos los clics, pitidos y zumbidos de la tecnología y del aparato de aire acondicionado. ¡Oh, Dios! Incluso las plantas en nuestra pequeña burbuja son falsas. No dan oxígeno; en cambio, las toxinas plásticas liberan gases, y si eso no es una señal de catástrofe, no sé qué lo es.

Esta es una vida para gente en una novela de ciencia ficción. Sería comprensible y aceptable si hubiéramos colonizado Marte y, por necesidad, tuviésemos que vivir en una burbuja. Pero esta no es la vida que Dios ordenó para los hijos de Adán y las hijas de Eva, cuyo hábitat es esta tierra suntuosa. Es como poner caballos salvajes en una caja de espuma de poliestireno por el resto de sus vidas.

Vivimos una existencia corporal. La vida física, con todas las glorias de los sentidos, los apetitos y las pasiones, es la que Dios destinó para nosotros. Es a través de nuestros sentidos que aprendemos la mayoría de las lecciones importantes. Incluso en los actos espirituales de adoración y oración, de pie o arrodillados, estamos participando corporalmente. Dios puso nuestra alma en este cuerpo extraordinario y luego nos puso en un mundo perfectamente diseñado para disfrutar de esa experiencia.

Por eso, el rescate del alma se lleva a cabo a través de nuestro compromiso con el mundo real. Así, la cita, atribuida de diversas maneras a Churchill, Will Rogers y Reagan, dice que «lo mejor para el interior de un hombre es el exterior de un caballo». Porque cuando nos encontramos con un caballo real, no virtual, no a través de Instagram, no el pequeño caballo *emoji* de tu teléfono, sino un animal vivo, que respira, de quinientos kilos, nos vemos inmersos en un encuentro dinámico con lo real. Eso saca de nosotros las cosas, no solo los temores, la ira y la impaciencia que hay que superar, sino también la intuición, la presencia y una especie de firme amabilidad que ningún videojuego puede reproducir. No hay un interruptor que podamos activar; debemos involucrarnos. La realidad nos moldea.

Me encanta el fútbol de clase mundial («fútbol» en todos los países excepto en Estados Unidos). Puedo ver un partido durante horas,

pero después me siento mareado, abrumado y desorientado, como
un pájaro que se da de cabezazos contra una ventana. Solo compara cómo te sientes después de estar por horas pegado a la pantalla,
trátese de un partido de fútbol, un *show* de televisión, videojuegos o
YouTube, con cómo te sientes cuando sales a dar un paseo en bicicleta o nadas en el mar. Vivir en un mundo artificial es como pasar
la vida envuelto en plástico. Cuando te preguntas por qué te sientes
cansado, entumecido, un poco deprimido, la respuesta simple es que
tienes una deficiencia de vitamina D; no hay luz solar en tu vida,
literal e imaginariamente.

Nuestro cuerpo, alma y espíritu se atrofian porque fuimos creados para habitar un mundo real, sacando de él vida, alegría y fuerza.
Para ser moldeados por él. Para saborearlo. Vivir en un mundo artificial es como vivir toda la existencia con los guantes puestos, una
experiencia filtrada, sin sentir nunca algo real. Y luego nos preguntamos por qué nuestras almas se sienten tan entumecidas.

DIOS ESTÁ AFUERA

Estamos buscando más de Dios. Es mucho más probable encontrarlo
en un paseo por un huerto o sentándonos a la orilla de un lago que en
la terminal de autobuses. Por supuesto que Dios está con nosotros y
por nosotros dondequiera que estemos, pero en términos de refrigerio,
renovación, *restauración*; en términos de encontrar a Dios de manera
que podamos beber profundamente de su maravilloso ser, sería mejor
buscarlo en el graznido de las gaviotas que en el ulular de una sirena.
Dios habita el mundo que hizo; su vitalidad permea toda la creación:

¡Toda la tierra está llena de su gloria! (Isaías 6:3)

[Cristo]... ascendió por encima de todos los cielos, para llenarlo
todo. (Efesios 4:9-10)

En el más amado de los salmos, quizás el más querido de toda
la Escritura, David escribió un poema para celebrar la restauración
de su alma. Nota que Dios lo llevó a la naturaleza para lograr eso:

> El Señor es mi pastor, nada me falta;
> en verdes pastos me hace descansar.
> Junto a tranquilas aguas me conduce;
> me infunde nuevas fuerzas. (Salmos 23:1-3)

Cuida de no descartar esto como algo perteneciente a una era
agraria. Si hubiese querido, Dios habría podido llevar a David al
palacio para renovarlo; o a la casa de un amigo o de un familiar;
pudo haber elegido los bulliciosos mercados de Jerusalén. En otras
palabras, había muchas opciones dentro de una casa o de un palacio
para que Dios escogiera alguna de ellas; sin embargo, para reanimar
a David escogió la naturaleza, su invernadero, lleno de su propia
vida, palpitante de su gloria, único en su capacidad para restaurar y
renovar a sus hijos.

«El mundo está cargado de la grandeza de Dios», escribió el
poeta jesuita Gerard Manley Hopkins.[3] De ello se deduce que no
deberíamos tener problemas para encontrar más de Dios allá afuera, recibiendo esa gran gloria en nuestro propio ser, como el ciervo
brama por las corrientes de las aguas. Pero en 1877 algo le ocurrió

a nuestra relación con el fértil jardín que se nos había dado como nuestro hogar...

> Las generaciones han pisado, han pisado, han pisado;
> Y todo está chamuscado con el comercio; manchado de
>   trabajo;
> Y usa la mancha del hombre y comparte el olor del hombre:
> la tierra está desnuda ahora, el pie no puede sentir que está
>   calzado.[4]

El mundo se había «modernizado», mecanizado, su grandeza fue manchada y estropeada en nuestra carrera por hacer nuestras vidas más eficientes. La humanidad había comenzado a preferir la vida «ajustada», pobre, un paso más alejada del poder sanador que Dios ofrece a través del mundo exterior. Aun así —y aquí está la prueba de la resistencia de la creación saturada en la gloria de Dios—, Hopkins sabía que el regalo podría recuperarse.

> Y por todo esto, la naturaleza nunca se gasta;
> Allí vive la más querida frescura en el fondo de las cosas;
> Y aunque las últimas luces apagadas del oscuro Oeste se fueron
> Oh, mañana, en la orilla rojiza hacia el oriente, manantiales...
> Porque el Espíritu Santo sobre las inclinadas
> Crías del mundo con pecho cálido y con ¡ah! alas brillantes.[5]

El rescate siempre está al alcance de la mano. El Espíritu de Dios todavía se cierne sobre la creación; la naturaleza siempre se está renovando con «la más querida frescura». No hay nada mejor para un

alma atribulada que caminar por el parque o acostarse boca arriba
sobre la hierba en una arboleda y mirar pasar las nubes. O sentarse
en una playa y seguir el juego incesante de las olas.

He estado disfrutando de las memorias *H Is for Hawk* [H de
halcón] de Helen Macdonald, una investigadora de Cambridge que
recupera su infantil amor por los halcones en un momento crítico de
su vida en el que parece que su mundo se derrumba a su derredor.
Instalada en la sociedad urbana de Oxbridge, comienza su historia
con un llamado de sirena a su alma atribulada:

> A las cinco de la mañana, me he encontrado mirando el reflejo
> de una farola en el techo y escuchando la charla de un par de
> noctámbulos que salían de una fiesta. Me sentía extraña: cansa-
> da, sobrecargada, tan incómoda como si me hubieran quitado el
> cerebro y me hubieran rellenado el cráneo con algo como papel
> de aluminio, abollado, carbonizado, cortocircuitado y echando
> chispas. ¡Uff! *Debo salir*, pensé, así que halé las cobijas. ¡*Fuera!* Me
> puse los *jeans*, las botas y un suéter, me quemé la boca con café
> caliente, y fue solo cuando mi antiguo y congelado Volkswagen
> y yo estábamos a mitad de camino a la A14 que descubrí a dónde
> iba y por qué. Afuera, más allá del parabrisas nublado y las líneas
> blancas del pavimento, estaba el bosque... Hacia allá era que me
> dirigía. Para ver los halcones.[6]

Atraída, *impulsada* a ir al bosque a solo una hora de la ciudad,
Helen se interna en la naturaleza y comienzan a suceder cosas buenas para su alma:

Llevaba tanto tiempo viviendo en bibliotecas y aulas universitarias, frunciendo el ceño ante las pantallas, marcando ensayos y persiguiendo referencias académicas que este fue un tipo diferente de cacería. Aquí, yo era un animal diferente. ¿Alguna vez has visto un ciervo saliendo de entre la espesura? Pisa, se detiene y permanece inmóvil, nariz al aire, mira y olfatea. Una contracción nerviosa parece correr por sus flancos. Y luego, convencido de que todo está bien, se dispone a pastar. Esa mañana, me sentí como el ciervo... Algo dentro de mí me ordenó cómo y dónde pisar sin que fuera muy consciente de ello. Al buscar los halcones me siento tensa mientras camino o estoy de pie bajo el calor del sol. Inconscientemente acercándome a la luz que se filtra a través de la espesura, o deslizándome en las sombras estrechas y frías de las amplias grietas entre los pinos.[7]

Ella está sintonizándose. Su alma se está liberando del capullo en que la vida en un mundo artificial nos mantiene y ahoga:

Estaba mirando una pequeña ramita de mahonia que pugnaba por desarrollarse en medio del césped. Y pensando que las mahonias parecen tener hojas de sangre de buey y piel de cerdo pulida. Levanté la vista. Y vi mis halcones. Ahí estaban. Una pareja, que se elevaba por encima del dosel en el aire que se va calentando rápidamente. Sentía en la parte posterior de mi cuello una especie de mano plana que me retenía el calor del sol; pero al ver esos halcones, mi nariz pareció oler tallos de hielo, de helechos y resina de pino... Me senté, cansada y contenta.[8]

Permanecer en el bosque demanda algo de nosotros, algo para lo que no se puede apurar al alma. Exige transición y *presencia*. Observa cómo Helen Macdonald se va integrando a los árboles y a la vida silvestre que la rodean, y ese proceso de integración va envolviendo su alma, suavizándola y calmándola. Por eso mi veloz «safari» africano resultó tan frustrante. Fue fatal reducirlo a unas cuantas horas, como quien va a un centro comercial, compra, paga y se va.

PERMITE QUE LA NATURALEZA SANE

Hace poco tuve una experiencia similar a la de Macdonald con mi propio cerebro aluminizado y mi alma atribulada. Solo que mi rescate no sucedió sino hasta que superé la mayor parte de la calamidad. Era esa clase de días en que pareciera que te levantaste por el lado equivocado de la cama. Apuesto a que has tenido un día como el que sigue:

No hay leche, así que no hay cereal, y como de todos modos estás atrasado, tampoco hay desayuno. Estás a medio camino del trabajo cuando te das cuenta de que olvidaste tu teléfono. ¿Y quién puede vivir sin su teléfono en estos días? Así que llegas tarde al trabajo porque regresaste por tu teléfono y ahora estás atrasado en todo. La gente se siente molesta contigo. No puedes contestar ese correo urgente por el que alguien sigue preguntando porque tú, a la vez, estás esperando una respuesta. Pero la persona que debe responderte se tomó la mañana libre debido a una «cita médica» (*Claro que sí*, piensas, *saliste a dar un paseo, perezoso*). Y así van las cosas.

Esperas con ansias el almuerzo como tu primera oportunidad para tomar un poco de aire, pero la fila para comprar tu taco favorito llega hasta la puerta y, aunque deberías haberte quedado, ya estás en camino a perder todo, así que te vas. Esa frustración consigue que evadas el almuerzo y te veas forzado a recurrir a un chocolate y a algo de cafeína para sobrevivir durante la tarde. Pero eso te quita completamente las fuerzas y todo lo que terminas haciendo es una lista de las cosas que te faltan por hacer, lo que acaba por abrumarte. Cuando llegas a casa, ya no vales mucho.

Estaba obsesionado, como sumido en una tina llena de ira, frustración, cinismo, autocomplacencia y fatiga. Un lugar peligroso. El siguiente movimiento sería ir en mi rescate o darme el golpe de gracia. Después de una cena fría salí al porche y simplemente me senté allí. Sabía que necesitaba rescatarme y que la esperanza más cercana a eso era el porche.

Era una hermosa noche de verano indio, del tipo en que el calor del día calienta la brisa nocturna, aunque aún es posible sentir el fresco de las montañas que comienza a soplar como corrientes refrescantes. Los grillos iban a toda velocidad, como lo hacen cuando su temporada está por terminar, y la puesta de sol estaba organizando una muestra de arte occidental. Podía sentir cómo empezaba el rescate a entrar en mi cuerpo y en mi alma. La naturaleza había comenzado su trabajo muy gentil.

Dejo escapar algunos suspiros profundos. «Suspiros espirituales», como los llama un amigo, lo que significa que tu espíritu está inhalando el Espíritu de Dios y te encuentras dejando ir todo el desastre, dejando ir todo. No son suspiros cínicos o de derrota; son suspiros que dicen «deja que se vaya todo». Mi cuerpo se calmó, lo que me hizo percatarme de lo tenso que había estado todo el día. Mi corazón comenzó a salir a la superficie, como sucede a menudo cuando puedo escaparme para encontrar la compañía de la naturaleza y dejar que su belleza tenga su efecto en mí. Eso sí, no llegué a la playa. No estoy navegando en canoa por un lago de montaña. Solo estoy sentado en el porche de mi casa. No se requiere de mucho para hacerlo. El rescate siempre está a la mano. Cálida tarde de verano, brisa fresca, un hermoso cielo que ahora se vuelve azul marino justo antes del anochecer, grillos que hacen melodías eternas.

Fue entonces cuando comenzó el carnaval.

Una cerveza ayudaría bastante, dijo la voz; *mejor aún si es un tequila. ¿Y si vas por unas galletitas?* Algún lugar agitado dentro de mí comenzó a clamar por alivio. A pesar de que la noche estaba lavando mi alma, o tal vez *porque* estaba permitiendo que mi alma se desenredara, el carnaval del deseo comenzó a buscar mi atención. *Creo que todavía queda helado en el congelador.*

Era como si dos reinos estuvieran disputándose mi alma. El carnaval ofrecía alivio. La naturaleza estaba ofreciendo restauración. Son ligas separadas, mis amigos. Ligas separadas.

El alivio es momentáneo; es verificador, adormecedor, sedante. La televisión es un alivio. Comerte una bolsa de galletas es un alivio. El tequila es un alivio. Y seamos sinceros: el alivio es lo que buscamos porque es inmediato y casi siempre está al alcance de la mano. La mayoría de nosotros nos vamos por ahí cuando lo que realmente necesitamos es *restauración*.

La naturaleza cura y restaura. Imagínate sentado en la playa mirando las olas al atardecer y compáralo con estar sentado ante al televisor y pasarte horas mirando la novela *Narcos* o la serie televisiva *Fear the Walking Dead*. Las experiencias no podrían ser más disímiles. Imagínate sentado junto a un arroyuelo, escuchando las pequeñas canciones musicales interpretadas por el agua al correr, y compáralo con una hora de videojuegos. Los videojuegos ofrecen alivio; la naturaleza ofrece restauración.

Esto es lo que David estaba tratando de poner en palabras cuando dijo que había encontrado a Dios en los pastos delicados y junto a aguas tranquilas, emergiendo con un alma renovada. O como dice otra traducción: «Él renueva mi fuerza» (Salmos 23:3). El mundo en el que vivimos nos estruja el alma a diario, y lo hace con venganza (se siente vengativo). Necesitamos la inmersión de la que habló David.

Así que me quedé en el porche, optando por ignorar el coro de vendedores que intentaban que me fuera en busca de algún alivio (*Tu programa favorito está en marcha; tal vez lo que quieres es una copa de vino...*). Yo sabía que si hacía caso a la sugerencia todo lo que encontraría sería azúcar o alcohol, y mi alma no se sentiría mejor. Así que decidí dejar que la tarde continuara ejerciendo su ministerio de sanidad. Recuerda, a Dios no le gusta gritar. Sus invitaciones son notoriamente apacibles.

La puesta de sol había concluido; caía la noche y yo seguía ahí sentado. El atardecer refrescó y un búho ululaba en algún lugar a lo lejos. Podía sentir mi alma asentarse aún más; la sensación era como desarrugarse o desenredarse a nivel del alma, como lo hace tu cuerpo en una bañera de hidromasaje. *Gracias por el regalo de esta belleza*, dije. *Lo recibo en mi alma*.

Oscuridad, grillos, frescura, tranquilidad. Sentí que me había desintoxicado. Cuando esa noche caí en la cama, fue como si aquel

infernal día nunca hubiera sucedido. Restauración. Mucho mejor
que un simple alivio.

¡INTÉNTALO!

Sal, simplemente, ve afuera. Como instó van Gogh: «Lo mejor es
hacerse de un nuevo vigor en la realidad».[9]

Y para conseguir eso, no hay que buscar lo asombroso. No estoy
sugiriendo que tengas que ir a las montañas o al mar todas las mañanas (a menos que vivas cerca). Yo vivo tres cuartas partes del año
en suburbios bastante típicos. Pero encontré un paseo cerca de mi
casa, en un espacio público que tiene árboles, senderos y un pequeño
arroyo. No es una gran cosa, solo un arroyuelo, pero fluye durante
todo el año. Me encanta visitar ese lugar para observar los cambios
que ocurren con el paso de una estación a otra. Mi ritual consiste en
arrodillarme y colocar mi mano sobre la superficie fría y cristalina
del agua, sintiendo que fluye debajo de mi palma y alrededor de mi
mano. Es una sorprendente invocación a lo real y siempre refrescante.
Incluso en invierno, cuando solo unas pequeñas burbujas muestran
un rastro del goteo debajo del hielo, coloco mi mano en este y la dejo
ahí hasta que me duela y me recuerde que el mundo es algo muy real.

Toca la naturaleza. Lo digo en serio. Tu alma necesita entrar en
contacto con la creación día a día. Investigaciones de los más diversos
tipos muestran los valores curativos de esta práctica.[10] Permíteme
que te cuente mi propia experiencia: en el proceso de escribir un
libro, paso una buena parte de cada día frente a la pantalla de la computadora, escribiendo, investigando, buscando referencias, leyendo.

SAL 91

Pero cuando siento que mi cerebro comienza a echar chispas como las producidas por el papel de aluminio, me levanto, salgo al exterior y paso un tiempo simplemente tocando cosas, cosas reales: piedras, piñas, las hojas de un enebro. No fue una decisión cognitiva, sino algo apremiante y que *sentía* que tenía que hacer para escapar de un extraño espacio etéreo y volver a ser quien soy. Ayer, la lluvia dejó nuestro patio ligeramente mojado. Yo, entonces, puse mi mano sobre una piedra para sentir su húmeda frescura. Examinando los cristales de granito, me sentí como si hubiera regresado al planeta tierra, como un personaje del espacio exterior.

Sal por lo menos una vez en el día. Si haces ejercicio en un gimnasio, sal a correr, anda en bicicleta, nada o camina. Apaga el aire acondicionado y abre las ventanas de tu automóvil. Camina afuera de tu edificio de oficinas todos los días. Sentir el sol en tu rostro, el soplo del viento, el beso fresco de los copos de nieve es resucitante. La tecnología, donde la mayoría de las personas vive, es agotadora. La naturaleza es curativa. Así que reduce la tecnología y aumenta el contacto con la naturaleza.

Procura un encuentro con el clima siempre que puedas. No lo rehúyas; vívelo. Hace poco estuve en un viaje de negocios por dos semanas; comenzó con un vuelo nocturno, diez horas encerrado en la cabina de un avión. Luego, fueron aeropuertos, hoteles, automóviles, una existencia completamente artificial. Todo era falso: clima, iluminación, sonidos. De pronto, empecé a sentir más y más ganas de beber, comer chocolate, mirar televisión. Lo artificial me estaba desgastando, me envenenaba y mi alma buscaba un alivio rápido. La última noche, se desató una tormenta eléctrica impresionante sobre la ciudad. Mi auto estaba estacionado a dos cuadras de distancia. En

vez de tratar de evitar la lluvia llamando a un taxi, o encogiéndome
de disgusto porque me empaparía por completo, lo *disfruté*. Me sentí
feliz corriendo bajo la lluvia aquellas dos cuadras. Grité, grité y grité
contento mientras dejaba que la lluvia se diera su gusto conmigo.
Después de días y días viviendo en un mundo artificial, aquel fue un
bautismo de limpieza. C. S. Lewis escribió:

> Trastrocar todo lo que se pueda llamar Naturaleza por una espi-
> ritualidad negativa es como renunciar a andar a caballo en lugar
> de aprender a montar... ¿Cómo podría manejarme con un cuerpo
> espiritual si no soy capaz de controlar mi cuerpo terrenal? Estos
> cuerpos pequeños y perecederos que ahora tenemos nos fueron
> entregados como quien les entrega ponis a los escolares. Debemos
> aprender a manejarlos: no es que algún día podamos estar libres
> de caballos, sino que algún día podamos montar a pelo, seguros y
> alegres, esos caballos más grandes, esos caballos alados, radiantes
> y conmovedores que tal vez incluso ahora nos esperan con impa-
> ciencia, pateando y resoplando en los establos del Rey.[11]

La naturaleza cura, enseña, fortalece, calma; nos trae la presencia de Dios, porque «Toda la tierra está llena de su gloria»
(Isaías 6:3). Ve y deja que recupere tu alma, diariamente, si es posible.

Capítulo ocho

RECUERDA A QUIÉN AMAS

El otro día recibí un mensaje de texto de un amigo mío. Comenzó como una sorprendente irrupción de alegría y se convirtió en algo que rescató mi alma.

Primero había una simple foto, tomada desde la ventana de un avión en algún lugar del territorio de Alaska. Al mirarla por primera vez, no pude captar los detalles; solo vi una enorme montaña cuya ladera se extendía descendiendo hasta un río. Me pareció algo muy al norte y bastante exótico. No había árboles, solo tundra en colores otoñales. Es probable que la foto hubiese sido tomada desde una altura de cinco mil metros porque pude ver algo moteado a ambos lados del río. Cuando mis ojos se ajustaron, me di cuenta de que era una cantidad impresionante de criaturas vivas, algo como en el Edén. Al intentar comprender de qué se trataba lo que estaba viendo, me fijé en un segundo texto escrito en la tarjeta y que decía: «Noventa mil caribúes aglomerados para cruzar el río». Ese espectáculo llenó mi corazón de alegría, no solo porque amo la locura y las migraciones masivas de animales, sino porque también me recordó al Dios que amo.

Qué bueno es que alguien nos haga pensar en el Dios que amamos, cómo realmente es, y cuán generoso es su corazón.

Tuve una experiencia similar unas noches más tarde cuando Stasi y yo estábamos viendo una serie de la BBC dedicada a los océanos de nuestro planeta. Filmada en alta definición, íntima y épica, la vasta y colorida belleza de los mares, las costas y las lagunas de coral que saturan este planeta fue suficiente para evocar la adoración durante cada episodio. Los siete mares son preciosos. ¡Hablamos de abundancia! Este episodio en particular fue filmado en mar abierto (completamente impresionante); de pronto, una enorme cantidad de delfines comenzó a invadir la pantalla. Cincuenta... cien... mil delfines corriendo a toda velocidad, retorciéndose, saltando, buceando en una especie de caos organizado y caprichoso. Ver a esos delfines hacer piruetas en el agua comunicaba una felicidad inconmensurable. El narrador explicó que estábamos viendo una especie de familia de delfines atlánticos de unos *cinco mil miembros*. Stasi y yo nos quedamos sin palabras. ¿Existen tales cosas? Me preguntaba. Ese encuentro, esa revelación fue tan sagrada, que eliminó en el momento toda duda que pude haber tenido sobre la bondad de Dios. *Sí. Este es el Dios que amo*, pensé. Y mi corazón volvió a él con tierna esperanza y afecto.

Estamos hablando de encontrar más de Dios. Te aseguro que nada, absolutamente nada, te traerá más de él que amarlo. Volver nuestros corazones hacia Dios en amor abre nuestro ser para recibirlo como ninguna otra práctica lo hace. Y es una práctica, algo en lo que participamos consciente y activamente a través de los momentos de nuestro día a día. En realidad, este es el epicentro del libro; la

RECUERDA A QUIÉN AMAS

verdad central de la que fluye todo lo demás. Pero guardé este capítulo hasta ahora por varias razones...

La mayoría de mis lectores, incluido tú, son personas con antecedentes de fe y, como tales, habrán oído tantos mensajes sobre el amor, el amor a Dios, Dios es amor, que sus almas habrán desarrollado una especie de insensibilidad hacia la belleza de lo que revelan esas palabras. Estamos demasiado familiarizados con ellas, al punto que casi me atrevería a admitir que estamos hasta un poco hastiados. Así que esperé hasta ahora para intentar desbloquear este tesoro porque nuestras almas necesitan algo de tiempo para recuperarse y sanar a través de las prácticas que hemos observado. También necesitábamos la transición que los capítulos anteriores han proporcionado para ayudarnos a desenredarnos del mundo (incluido el religioso, que funciona básicamente al mismo ritmo que el resto del mundo enloquecido).

Pero más que nada, pospuse hasta ahora este momento, el más esencial de todas las verdades, porque nuestras almas han desarrollado cierta resistencia a través de las decepciones que sufrimos en la vida, y debemos proceder con gentileza si queremos ser capaces de abrir este, el mayor regalo de todos.

¿AMAR A QUIÉN? ¿POR QUÉ?

Como ya dije, nuestro querido Golden Retriever se estaba muriendo; lo perdimos en noviembre. Unas semanas antes, uno de nuestros caballos sufrió una lesión casi mortal. Temí que también lo perderíamos. Esas fueron solo algunas de las penas que vinieron a nuestras vidas ese año; otras fueron incluso peores. Todo eso llevó a que mi corazón cuestionara el amor de Dios por mí. Las tristezas siempre hacen eso. Al igual que el sufrimiento y la decepción crónica. El corazón reacciona alejándose, quizás no tanto como para abandonar la fe, pero aun así... algo se interpone entre Dios y nosotros. A veces dudamos de su bondad y, más específicamente, de su bondad con *nosotros*.

La vida tiene formas de erosionar nuestra confianza en la bondad de Dios. ¡Qué ridículo eufemismo! Déjame decirlo de nuevo. La vida es un asalto salvaje, golpeando al azar, envenenando la seguridad de nuestro corazón de que Dios es bueno, o al menos bueno para con nosotros. Esto hace que sea muy difícil encontrar más de Dios, recibirlo de maneras frescas y maravillosas en nuestro ser. Por todo eso, es en este punto donde debemos buscar la sanidad, y ahora es un buen momento para hacerlo.

Permíteme explicar una dinámica esencial para la relación del alma con Dios. Después, quizás podamos abrir suavemente nuestras almas a tan delicada experiencia.

Más de Dios viene a nosotros cuando lo amamos. Cuanto más amamos a Dios, más de Dios viene a nosotros. Parte de este proceso está vinculado a la naturaleza de Dios y parte a nuestra propia naturaleza humana.

Entendemos por nuestras propias relaciones, por nuestras propias historias de amor, que el corazón no se le entrega a cualquiera. No le damos acceso a los lugares más profundos del alma a cualquier ocioso conocido ni menos aun a alguien a quien no conocemos. Por propia experiencia sabemos que cuando alguien nos ama, estamos mucho más dispuestos a ponernos a su disposición. Lo que seguimos olvidando es que Dios siente lo mismo.

El Señor recorre con su mirada toda la tierra, y está listo para ayudar a quienes le son fieles. (2 Crónicas 16:9)

El Señor dice: «Rescataré a los que me aman». (Salmos 91:14, ntv)

El Padre mismo los ama profundamente, porque ustedes me aman a mí. (Juan 16:27, ntv)

No deja de sorprenderme que los seres humanos esperen que Dios se derrame a sí mismo, con sus bendiciones, en sus vidas cuando ni siquiera le conceden la más mínima prioridad, menos aun la calidad de amigo cercano y querido. ¿Darías tú lo mejor de tu vida a las personas a las que no les importa si existes o no? El derramamiento de Dios es *condicional*. Lo sé, lo sé, nos han dicho todo sobre el amor incondicional de Dios. Absolutamente, su *gracia* es incondicional; su perdón está a la disposición de todos. Sin embargo, la *intimidad* con él, los tesoros de su presencia, el derramamiento de su vibrante ser en nuestras almas sedientas, eso es para aquellos que lo aman. Incluso en la mejor amistad, el acto de dar y recibir amor fluye y refluye con la voluntad de los dos involucrados para que sea una prioridad, una inversión de ellos mismos. De esta manera, el corazón de Dios es muy parecido al tuyo, porque tu corazón está hecho a la imagen del suyo.

Una de las cosas que me encantan de los caballos es que no dejan que te salgas con la tuya. Si me presento a los establos apurado o distraído, y trato de apresurarlos para que sigan mi ritmo, no cooperarán. Se dan cuenta si estoy enojado y también captan si no quiero estar ahí. Los caballos no forman parte de este mundo loco, así que si tienes la dicha de disfrutar lo hermoso de la vida con ellos, no tendrás éxito si quieres que entren en tu locura. Y bien por ellos. Ni siquiera deberías intentarlo; ellos se merecen más. Para disfrutar del compañerismo de un caballo, debes entrar en su mundo, y ellos estarán felices de tenerte ahí. Lo que es otra de las expresiones de la naturaleza del corazón de Dios. Ya sea que estés o no haciéndolo, en este momento para él es muy importante que lo ames. ¡Muy importante!

Y en lo que tiene que ver con nosotros, amarlo abre nuestras almas a su presencia y a los dones que nos tiene reservados. Recuerda: el vaso que él quiere llenar es tu alma. Intentamos valernos de esta práctica para poner nuestras almas en el lugar donde podamos recibir mucho más de él. No existe un medio que facilite más la apertura de nuestra capacidad para percibirlo y recibirlo que volver, en amor, nuestros corazones y almas a Dios. Amor *activo*: amor como verbo, no como sustantivo. Para eso estamos hechos, y el alma lo sabe; aun cuando hubiese estado inactiva. Lo sabe incluso por el dolor o la decepción si es que nos hemos resfriado espiritualmente.

Me encanta ver cómo nuestras flores silvestres rastrean el curso del sol a medida que este recorre el cielo. En un tierno acto de humilde adoración, van girando lentamente para recibir el brillo cálido que va pasando de este a oeste. En las noches frías, a más de dos mil metros de altura, muchas flores se «cierran» doblando sus pétalos hacia adentro. Luego, por las mañanas, se abren y comienzan su rutina rotatoria. «Los corazones se despliegan como flores ante ti», dice el gran *Himno de la alegría*, «abriéndose al sol de arriba».

Derrite las nubes de pecado y tristeza;
aleja la oscuridad de la duda.
Dador de alegría inmortal,
llénanos de la luz del día.[1]

Eso es todo. Necesitamos que las nubes de pecado y tristeza se derritan; que la oscuridad de nuestras dudas desaparezca como la noche huye antes del amanecer. Para que el dador de la alegría inmortal *nos llene*. Dos prácticas simples te ayudarán a llegar allí.

TRAER NUESTROS CORAZONES DE VUELTA

Comienza con algo que ames. La risa de tu hijo. La luz del sol reflejada en el mar. Tu querida mascota. Una canción favorita, la música en sí. Quizás una foto, como la de mis caribúes de Alaska. Un lugar favorito: tu jardín, los acantilados en el mar, la cabaña familiar. Alguna persona muy querida para ti. Comenzamos con las cosas que amamos; este es el camino de regreso, el camino de regreso a casa. Debido a que no siempre logramos establecer la conexión, Dios las hizo específicamente para ti y te dio el corazón para amarlas. Saldrás a dar un paseo en bicicleta a primeras horas de la mañana, una brisa fresca con todos los aromas dulces y frescos que te ofrece, la euforia de la velocidad y tu corazón cantando espontáneamente. *¡Me encanta esto!* El siguiente paso es decir: *¡A Dios también le encanta! Él hizo este momento. Él hizo estas cosas. Él es el creador de todo lo que amo.* Tu corazón responderá naturalmente abriéndose hacia él.

Será como arrojarle un salvavidas a tu fe: cada cosa maravillosa en tu vida es un regalo de Dios, una expresión de su corazón hacia ti. Todos tus recuerdos preciosos, todos y cada uno: cuando cumpliste ocho años y como regalo de cumpleaños recibiste aquella pequeña bicicleta roja que despertó tu amor por montarla, un amor que continuó en tu vida adulta. Ese día cuando tú y tu prometida esquiaron hasta cansarse y luego pasaron ratos preciosos junto al fuego de la chimenea en el albergue. Las vacaciones en las que aún piensas, lo divertido que fue, lo despreocupado que te sentiste. Tu boda: el baile, la alegría inextinguible de todos. En cada momento en que te has sentido feliz, emocionado, consolado, esperanzado... Dios te amaba. Dichos regalos no provienen de ninguna otra fuente. «Abres la mano y sacias con tus favores a todo ser viviente... Toda buena dádiva y todo don perfecto descienden de lo alto, donde está el Padre» (Salmos 145:16; Santiago 1:17).

Ningún otro acto nos traerá una mayor medida de Dios que amarlo, involucrando activamente el corazón y alma en ello. Porque mientras lo hacemos, la flor de nuestro ser se abrirá a la luz del sol de su presencia y toda la bondad que anhela la insuflará en nosotros. La mejor manera de llegar allí es pensar en las cosas que amamos y recordarnos a nosotros mismos: «Esto es de Dios; este es su verdadero corazón».

Debido a que la vida es un asalto salvaje a la confianza de nuestro corazón de que Dios es bueno, y por lo tanto a nuestra unión con él, la práctica de recordarnos que él es el creador de todo lo que amamos será el salvavidas que rescatará nuestra fe.

Con esto que he dicho no estoy tratando de poner una «curita» sobre tu tristeza, tu sufrimiento, tu trauma o la pérdida que has tenido que soportar. ¡Ni por un momento! Tampoco quiero que pienses que lo que esas cosas le han hecho a tu relación con Dios pueda sanarse de un momento a otro. Pero quedarás asombrado y encantado de saber cuánto se puede recuperar con esta práctica. Y hay otra que encontrarás igualmente útil:

¡Ama a Dios cuando estés en pleno sufrimiento!

Sigue conmigo. ¡No te vayas! Tu corazón es el mayor tesoro que tienes. Sin un corazón es imposible amar o recibir amor. Sin un corazón no puedes soñar, esperar, reír, encontrar valor. Sin un corazón nunca serás feliz. Tu enemigo lo sabe, sabe que puede usar tu sufrimiento para apagar tu corazón y volverte contra Dios, aunque sea sutilmente. Escúchame con atención: *No debes dejar que tal cosa suceda.* Debes proteger tu corazón con todo lo que tienes, especialmente en momentos de desilusión y dolor. Tu arma secreta contra el odio del enemigo es amar a Dios en medio del dolor, sea lo que sea.

Reconozco que el acto de amar a Dios a menudo saca a la superficie otras cosas en nuestros corazones, cosas que se interponen en el camino para que lo amemos. En un momento podemos ser presa del desánimo, para darnos cuenta luego de que nos sentimos heridos o distantes de Dios, o que él parece estar lejos de nosotros. Esto es bueno, porque nos permite sacar a la superficie y poner palabras a las cosas que bloquean la relación. Nombrar esas cosas es importante. En este punto, comenzaré a escribir sobre eso en mi diario o simplemente le diré a Jesús: «Me siento herido por...». Y luego oraré: «Señor, entra en este dolor, este sentimiento de abandono, en esta insensibilidad» o lo que sea que esté afectando nuestra intimidad. «Te amo aquí, Dios. Decido aquí mismo, en esto, amarte».

¡Inténtalo! y verás.

Noto que a veces esos obstáculos son de veras importantes y pueden requerir una atención más seria. Es posible que debas recurrir a un consejero o pedirles a tus líderes espirituales que oren por ti. Pero *mientras estás en esa relación*, deberás mantener firme tu intención de resolver los problemas, sin echar pie atrás, tal como lo hace una pareja casada o dos buenos amigos. Lo mencionas y lo solucionas mientras te mantienes en comunicación con la otra persona. Incluso si sientes que no puedes resolverlo al instante, mantente activo en el diálogo en vez de abandonar el escenario. Tu intimidad con Dios, ese amor de corazón a corazón para el que fuimos creados, es *lo que* Satanás más odia, y hay que luchar para defenderlo. No solo por Dios, por cierto; no lo hagas solo por él. Demasiadas personas reaccionan ante Dios con ira adolescente, como Elsa en *Frozen: Una aventura congelada*. Debemos vivir con madurez, sabiendo que ante lo que sea que esté sucediendo, no podemos sino preservar la relación si queremos encontrar nuestro camino.

Cuando me siento más decepcionado que lleno de razones para amar a Dios, recurro a las cosas que sé que él ha hecho por mí. «Gracias por la creación», digo, porque amo el mundo que él ha hecho, y al menos puedo comenzar ahí: los prados, las cascadas, los caribúes, los delfines.

«Gracias por la creación» continúo, «gracias por la redención», porque sé que él me ama por Jesucristo: «Dios demuestra su amor por nosotros en esto: en que cuando todavía éramos pecadores, Cristo murió por nosotros» (Romanos 5:8). «Gracias por mi redención». Y agregaré: «Gracias por el reino venidero» porque me recuerda que mis sueños *se harán* realidad, en cualquier momento; la bondad *vendrá* a mí. Y cuando trate de llevar mi corazón al genuino acto de amar a Dios, oraré: «Gracias por la creación; gracias por la redención; gracias por el reino venidero». Mi alma se hará presente mientras hago esto, y recordaré que —en efecto— amo a Dios, cualquiera que sea el dolor que me aflija.

Este rescate ayuda a nuestro corazón a no alejarse de la Persona que puede sanarnos; fortalece nuestro corazón contra las mentiras del enemigo que se precipitan durante la angustia (*Dios no te ama; Dios no es bueno; estás solo; la vida es injusta*, todo eso). Decidir de veras amar a Dios en nuestro dolor nos permite recibir la misma gracia por la que el dolor clama.

Déjame darte un ejemplo. Unos queridos amigos perdieron a un hijo. Esta historia no es mía. Lo que puedo decir es que, en su dolor, ellos comenzaron a amar a Dios. «Te seguimos amando, Dios. Afirmamos que eres bueno». Todo el cielo se quedó sin aliento mientras todo el infierno chirriaba de horror. ¿Por qué? Porque le quitaron su arma al enemigo y la volvieron contra él. No fue fácil. Todavía había torrentes de lágrimas, pero no eran lágrimas amargas, ni enojadas, ni cínicas, porque mantuvieron sus corazones abiertos a aquel que podía llevarlos a través de ese dolor. Demasiadas personas se alejan, enfrentan su dolor solas, lo que lo hace peor y mucho más prolongado. Puedo añadir que la recuperación de mis amigos por la pérdida de su hijo fue mucho más rápida porque optaron por este camino, porque mantuvieron sus almas abiertas a la presencia de Dios y, por lo tanto, Dios les pudo dar de su amor sanador. Ellos transformaron su sufrimiento en una ofrenda a Dios.

Haz tú lo mismo: transforma tu sufrimiento en una ofrenda. Ama a Dios en eso.

¡INTÉNTALO!

No se trata de nada complicado. Simplemente comienza a decir: «Te amo» mientras vuelves tu atención hacia él por un momento o dos. Mientras lo haces, te resultará útil recordar algunas razones por las que amas a Dios: por su bondad, por la belleza del mundo (noventa mil caribúes aglomerados para cruzar el río), una gentileza de que fuiste objeto recientemente. «Dios es el creador de todo lo que amo». Repítelo para ti mismo: «Dios es el creador de todo lo que amo».

Traer a la memoria que Dios es quien creó las cosas que *amas* es un maravilloso recordatorio para tu alma acerca de la intimidad entre el corazón de Dios y el tuyo. ¡Ambos aman las mismas cosas! ¿Sabías que los amigos cercanos aman las mismas cosas; que las personas que se aman, aman las mismas cosas? Piensa ahora en algo más que deleite tu corazón: la risa, la belleza, tus cosas favoritas en la naturaleza, un cuento de hadas de la infancia. Comenzar con las cosas que amamos es el camino de regreso a Dios.

A medida que avanzas en tu día normal, dile a Dios «te amo», y hazlo una práctica diaria. No una vez, sino hasta que vuelvas tu corazón a él. Decirle «te amo», ya sea en voz alta o en silencio en el santuario de tu vida interior, hace que tu corazón siga diciéndolo. Con este ejercicio espiritual, nuestro ser comienza a entrar en el *acto* de amar. Dirigimos nuestros pensamientos hacia él: nuestro Padre, o a Jesús, o al Espíritu Santo. Nos volvemos hacia él en las pausas de nuestros días.

Al amarlo, podemos recibirlo. A medida que lo recibimos, nos damos cuenta de nuevo de lo maravilloso que es él realmente. Nuestro corazón se agranda para él, nuestra unión se fortalece y podemos recibir más de él.

Interludio

DE REGRESO A LA PAUSA
DE UN MINUTO

Ya hemos recorrido suficiente distancia como para poder usar mejor la pausa de un minuto. Ahora comprendes el desapego benevolente, la retoma de tu atención, lo que es la gracia de la transición y la bondad de amar a Dios activamente. Esto hará que tu experiencia con la pausa sea aún mejor. Así es como parece a los que la practican...

Primero, cuando entramos en nuestra pausa, liberamos; ahora sabemos que no podemos encontrar a Dios cuando estamos distraídos, agobiados y somos rehenes de demasiado ruido. Así que lo que hacemos es simplemente darlo todo; dejamos todo. Practicamos el desprendimiento benevolente:

Te doy a todos y todo a ti, Dios. Te doy a todos, y todo a ti.

Repítelo una y otra vez. Sabrás cuando ocurra ese desprendimiento: una persona, una conversación, un proyecto, el mundo. Libera y espera. Si ves que necesitas ayuda para desprenderte de algo, ¡pídele que te ayude!

> Ayúdame a liberarme, Dios. Te lo doy todo.

A continuación, le pedimos a Dios que nos ayude a unirnos con él:

> Padre, Jesús, Espíritu Santo, restaura mi unión contigo.
> Renueva nuestra unión. Oro por unión. Oro por unidad.

Lo repetimos, ahora con más calma.

En seguida empezamos a practicar activamente el amor a Dios:

> Te amo, Dios. Te creo. Te adoro. Te amo, te creo, te adoro.

Y luego le pedimos algo más:

> Dios, lléname con mucho más de ti. Necesito mucho más de ti.

¿Estás practicando tu pausa diariamente? Descarga la *app* Pausa de un minuto (solo en inglés) de la tienda de aplicaciones. ¡Es una hermosa y agradable guía a través de la práctica, y puedes establecer recordatorios diarios en la *app*!

Capítulo nueve

RINDE LA VIDA DEL YO

Aquí vas, tarareando, ¡capítulo 9! Estás arrebatándole tu alma al frenético y vertiginoso mundo y obteniendo un poco de desapego al echar tus cargas sobre la Persona que amas. Estás dejando que actúe en ti la gracia de la transición y que lo bello y la naturaleza alivien tu alma dañada. Espero que estés encontrando el dulce alivio que traen estas gracias. Volver a Dios es un gran alivio; simplemente no hay otro escenario en el que los seres humanos puedan florecer como deberían hacerlo. En especial en este tiempo. ¡Bien hecho!

Sin embargo, algo está al acecho: una trampa sutil esperando para hacerte tropezar y echar por tierra toda la experiencia que has venido logrando. Exponerla y deshacerte de ella será un *gran alivio*.

Comenzamos a descubrir esta caída oculta a través de algo revelado en la parábola del hijo pródigo, aunque no necesariamente en el personaje en el que estás pensando. Vamos a tomar el desarrollo de la parábola en el punto en que el hijo menor acaba de regresar de su estilo de vida destructivo, y el padre está dando órdenes...

«El padre ordenó a sus siervos: "¡Pronto! Traigan la mejor ropa para vestirlo. Pónganle también un anillo en el dedo y sandalias en los pies. Traigan el ternero más gordo y mátenlo para celebrar un banquete. Porque este hijo mío estaba muerto, pero ahora ha vuelto a la vida; se había perdido, pero ya lo hemos encontrado". Así que empezaron a hacer fiesta.

»Mientras tanto, el hijo mayor estaba en el campo. Al volver, cuando se acercó a la casa, oyó la música del baile. Entonces llamó a uno de los siervos y le preguntó qué pasaba. "Ha llegado tu hermano —le respondió—, y tu papá ha matado el ternero más gordo porque ha recobrado a su hijo sano y salvo". Indignado, el hermano mayor se negó a entrar. Así que su padre salió a suplicarle que lo hiciera. Pero él le contestó: "¡Fíjate cuántos años te he servido sin desobedecer jamás tus órdenes, y ni un cabrito me has dado para celebrar una fiesta con mis amigos! ¡Pero ahora llega ese hijo tuyo, que ha despilfarrado tu fortuna con prostitutas, y tú mandas matar en su honor el ternero más gordo!"

»"Hijo mío —le dijo su padre—, tú siempre estás conmigo, y todo lo que tengo es tuyo. Pero teníamos que hacer fiesta y alegrarnos, porque este hermano tuyo estaba muerto, pero ahora ha vuelto a la vida; se había perdido, pero ya lo hemos encontrado"». (Lucas 15:22-32)

Algo muy poco agradable está operando en el hermano mayor. No puede ir a la fiesta de bienvenida de su hermano. No puede dejar

de ver la injusticia en todo eso. Está aturdido. Creo que lo que está
en juego aquí se aclara en un pequeño ensayo que Dorothy Sayers
escribió por allá por los años cuarenta:

> La envidia odia ver felices a otros. [...] Comienza preguntando,
> de manera convincente: «¿Por qué no podría disfrutar yo lo que
> otros disfrutan?». Y termina con esta otra pregunta: «¿Por qué
> otros disfrutan lo que yo no?». La envidia es el gran nivelador de
> las cosas: si no puede nivelar hacia arriba, las nivelará hacia abajo;
> y las palabras constantemente en su boca son «Mis derechos» y
> «Mis injusticias».[1]

El hijo mayor piensa que ha sido perjudicado. Es envidioso y se
siente ofendido. Está comparando su vida con la de su hermano y, a
partir de ahí, todo se vuelve feo. En la parábola no se da su nombre;
podría ser la justicia ofendida, o ¿y en cuanto a mí qué? Sea lo que
sea, es el precursor de las redes sociales.

¿Sabías que existe un vínculo directo entre el aumento de la envidia, la depresión y el uso de las redes sociales? Se está investigando
mucho sobre esto; leemos lo siguiente de una revisión de seis estudios
resumidos en *Forbes*:

> Parte del motivo por el que Facebook hace que las personas se
> sientan socialmente aisladas (aunque en realidad no lo estén) es
> el factor de la comparación. Caemos en la trampa de compararnos
> con los demás a medida que nos desplazamos a través de lo que
> se nos informa (o *feeds*) y emitimos juicios sobre cómo nos esta-
> mos comparando con otros. Un estudio analizó cómo hacemos

comparaciones con otros *posts* tanto «hacia arriba» como «hacia abajo»; es decir, para ver si estamos mejor o peor que nuestros amigos. Resultó que ambos tipos de comparaciones hicieron que las personas se sintieran peor, lo cual es sorprendente, ya que en la vida real, solo las comparaciones ascendentes (tratar de saber si la otra persona está mejor que tú) hacen que el individuo se sienta mal. Pero en el mundo de las redes sociales, pareciera que cualquier tipo de comparación está vinculada a síntomas depresivos. [...]

No es ningún secreto que el factor de la comparación en las redes sociales lleva a los celos: la mayoría de las personas admitirían que ver a otros disfrutando de sus vacaciones y sus hijos comportándose perfectamente induce a la envidia. Los estudios han demostrado que el uso de las redes sociales desencadena sentimientos de celos. Los autores de un estudio, fijándose en los celos y en otros sentimientos negativos mientras las personas usaban Facebook, escribieron que «la magnitud de los incidentes de envidia que ocurren solo en Facebook es asombrosa, proporcionando evidencia de que Facebook es un terreno fértil para sentimientos envidiosos». Agregaron que eso puede convertirse en un círculo vicioso: sentirse celoso puede hacer que una persona quiera que su propia vida se vea mejor que la de otros; por lo que publica sus propios mensajes que provocan celos, dando origen a un círculo interminable de celos.[2]

Pareciera que en todos nosotros hay un poco del hermano mayor. Estos sentimientos existen hace miles de años, pero ha sido Internet la que ha ofrecido una plataforma sin precedentes y los está explotando.

Luego apareció la historia de portada de la revista *Time*: «Por qué estamos perdiendo Internet debido a la cultura del odio».[3] Existen los *trolls* (los provocadores), por supuesto, pero su odio venenoso no es todo lo que está sucediendo. Internet —especialmente las redes sociales, la comercialización y la política— está llena de envidia y ofensa. Nuestras políticas no tienen nada que ver con el bien común; se rigen por sus propios intereses y los «grupos de intereses especiales». Si quieres convertirte en alguien con influencia, tendrás que provocar envidia, ofensa e ira en tus seguidores; a quién puedes enojar lo suficiente como para unirte a todos los demás. Las recientes elecciones presidenciales son un ejemplo: «Le están haciendo esto a nuestro país, ¿no te ofendes?».

Lo primero que la envidia trae es depresión: mi vida no es tan buena como la tuya. Luego viene la ofensa: «¿Por qué debes tener lo que yo no tengo?», lo cual termina degenerando en odio. Nuestra cultura se caracteriza por el «Yo ofendido».

> Los psicólogos tienen un nombre para esto: el efecto de desinhibición en línea, en el que factores como el anonimato, la invisibilidad, la falta de autoridad y la falta de comunicación en tiempo real eliminan las costumbres que la sociedad pasó milenios construyendo. Y se está filtrando desde nuestros teléfonos inteligentes a todos los aspectos de nuestras vidas.[4]

Si estuviera escribiendo un libro sobre lo que está saliendo mal en cuanto a cultura y política, lo llamaría *El triunfo del yo ofendido*. Esa es la bandera que flamea sobre nuestro momento en la historia.

AHORA, CON CUIDADO

Esta no es una crítica sociológica. Tenemos objetivos mucho más altos que eso. Estamos aquí para dejar espacio en nuestras almas al Dios que amamos, limpiando escombros y experimentando mucho más de él. Observa que el hermano mayor no puede recibir la generosidad del padre; está encerrado tras unas gruesas cortinas por su atención a sí mismo. Este es el peligro oculto del que hablé: la obstinada vida del yo. El yo exaltado, no sometido y no rendido al gobierno de Cristo en mí.

Cuando regresaba a casa de ese viaje de negocios que no quería hacer, agotado, «hambriento y rabioso», deseando dormir en mi cama, mis frustraciones se vieron agravadas por un vuelo cancelado. Hice fila en el mostrador con cientos de viajeros enojados, con la esperanza de tomar los pocos asientos disponibles en el último avión de ida. Había llegado casi al mostrador, lo que me permitió ver el semblante del joven agente haciendo todo lo posible para ayudar al hombre que peleaba y que estaba delante de mí. En su calidad de viajero frecuente tenía siete razones para exigir uno de los codiciados asientos. Yo estaba preparando exactamente el mismo discurso cuando vi el cansancio en los ojos del joven. Me contuve. Jesús me rescató de meterme en el problema. Al yo no le preocupa que el empleado de la línea aérea haya tenido un día terrible. Se trata de mis derechos y mis injusticias.

Con el paso del tiempo, a lo largo de nuestras vidas, el yo marca su territorio dentro de nosotros para asegurar su propio camino y ordenar nuestro mundo a su gusto. Ha incorporado supuestos y privilegios en nuestra psique; hay una presión en nosotros para imponer sus deseos, motivos y presencia. A eso lo llamo la «vida del yo».

Es la vida del yo en nosotros la que se ofende con tanta facilidad; y no solo eso, sino que además *disfruta* ofendiéndose.

Quiere que las cosas se hagan a su manera, por lo que continuamente hace demandas; por supuesto, para él son demandas perfectamente razonables y definitivamente justificadas. A la vida del yo no le gusta que lo interrumpan, que le bloqueen la autopista, que le digan qué hacer o *cómo* hacer las cosas; se molesta cuando alguien corrige su manera de conducir, su manera de escribir, su forma de cocinar, su desempeño (en lo que sea). Es el yo en nosotros el que lleva un registro de nuestros errores, mantiene esas conversaciones imaginarias con personas a las que nos encantaría aclarar, crea esos devastadores correos electrónicos que no pasan de ser un deseo de poder enviar. (El anonimato de Internet le permite decir cualquier cosa con impunidad; de ahí, los provocadores).

Esto no es un asunto de cristianos y no cristianos; la vida del yo tiene una versión religiosa. Se irrita cuando un tiempo de oración dura más de lo que creemos que debería durar; se siente atropellado cuando los servicios de la iglesia se atrasan, y no disfruta particularmente de la adoración. En un grupo pequeño, el yo espera a que le pregunten cómo están saliendo las cosas, y se siente justamente irritado cuando otra persona se toma demasiado tiempo para hablar de sí mismo. La vida del yo no piensa en el regreso de Cristo porque está totalmente enfocada en el aquí y en el ahora, haciendo que las cosas funcionen en el *momento*, y se enfada silenciosamente cuando la gente sugiere que nuestras esperanzas se deben poner en la vida venidera.

¿Estás comenzando a reconocer la vida del yo? ¿En ti?

Una de las grandes vergüenzas del cristianismo, algo que angustia a cristianos y no cristianos por igual, es que las personas que se han alineado con Jesucristo todavía pueden actuar de maneras vanas, estúpidas, pomposas, mezquinas y odiosas. La explicación simple es que han continuado operando desde la vida del yo. Entonces, cuando alguien —de una u otra manera— frustra su política, su teología, sus ambiciones personales, no siente reparo en el asesinato del carácter porque al timón está su yo ofendido. Esto también explica los grandes escándalos morales en el liderazgo cristiano: hubo una resistencia de la vida del yo en ellos. En algún punto del camino el yo dijo: *Esto es para mí; me lo merezco*, y tiene una aventura, o comete un desfalco, o cosas mucho peores. Algunos de esos líderes pudieron haber estado sirviendo todos esos años en una unión genuina con Cristo, pero una gran parte de sus actos estuvo alimentada por la vida del yo, lo que finalmente los derribó.

En este punto, tengo una disculpa pública que hacer. Por desdicha, no recuerdo el nombre de la persona a la que debería dirigirla.

Hace algunos años, un alma caritativa me envió un libro sobre el diablo. Era bastante anticuado, creo que la fecha de publicación era 1960. Contenía pequeños dibujos de caricaturas de Satanás como nuestro adversario. Me da vergüenza admitir que mi primer pensamiento fue: *Sé mucho sobre guerra espiritual; esto parece demasiado infantil*. El estilo anticuado y los graciosos dibujos del diablo como una figura con cuernos, al estilo de Halloween, me quitaron las ganas de leerlo. Sin embargo, me alegro de poder decir que cuando me estaba preparando para desecharlo, sentí que Jesús me dijo: *Aquí hay algo para ti*. Entonces lo abrí y comencé a leer.

El autor afirmaba que nuestro enemigo tiene una entrada secreta en cada uno de nosotros, un punto de acceso desde dentro. Eso me llamó la atención. Habíamos estado lidiando con una gran cantidad de ataques espirituales, y yo estaba ansioso por disponer de nuevas herramientas que nos permitieran obtener una victoria más duradera. El autor continuó diciendo que esa trampa, ese acceso interno que el diablo tiene en cada persona es el yo. Una parte de mí sabía que era verdad, así que seguí leyendo.

La caída de Satanás se produjo porque decidió exaltarse por sobre Dios:

> ¡Cómo has caído del cielo,
>   lucero de la mañana!
> Tú, que sometías a las naciones,
>   has caído por tierra
> Decías en tu corazón:
>   «Subiré hasta los cielos.
> ¡Levantaré mi trono
>   por encima de las estrellas de Dios!
> Gobernaré desde el extremo norte,
>   en el monte de la reunión.
> Subiré a la cresta de las más altas nubes,
>   seré semejante al Altísimo». (Isaías 14:12-14)

Más tarde, el diablo encontró en la raza humana algo de la misma debilidad, terquedad y egocentrismo, que aprovechó con éxito para que siguiéramos su ejemplo: elegimos desobedecer a Dios y alcanzar lo que queremos, por lo que nos exaltamos por encima de nuestro Padre creador. En el trono de nuestras vidas desplazamos a Dios e instalamos al yo. Al diablo, decía el autor del libro que alguien me había enviado, no le importa particularmente cuáles son tus pecados, sino cómo te hace tropezar; se deleita en este acceso interno que tiene, el precioso yo. Porque mientras entretenemos al yo y lo mimamos dejando que se salga con la suya, estamos desplazando la vida de Dios. (¿Recuerdas al hermano mayor parado afuera de la fiesta, ciego al amor de su padre?).

Eso me sorprendió, se quedó conmigo y, a lo largo de los años, ha demostrado haberme sido de gran ayuda.

Así que me gustaría pedir disculpas aquí y ahora a la persona que me envió el libro por no haber sentido agradecimiento al recibirlo y por mi postura arrogante hacia el regalo. (La ironía, por supuesto, la viste venir, pero fue al yo en mí a quien no le gustó el regalo. Mi desdén fue la ilustración exacta de la verdad misma).

UN ALIVIO ENORME

No es fácil hablar de la vida del yo porque hay enseñanzas que suenan muy estrictas y demasiado santas, que básicamente dicen que todo lo relacionado con tu humanidad es la vida del yo que debe ser crucificada. Cualquier deseo, cualquier sueño, incluso tus propios dones son algo esencialmente contaminado y necesita ser condenado a muerte para continuar con tu vida cristiana. He visto cómo esta interpretación ha paralizado a muchos seguidores sinceros de Jesús y a muchos posibles buscadores dejar de hacerlo. Así *no* es como Dios se siente en cuanto a tu humanidad.

¿Por qué te habría de decir tu padre cosas como las que satis-
farían los deseos de tu corazón, y que protejas tu corazón porque
es tu fuente de vida, si lo que él quería que hicieras era matar tus
deseos y tus sueños?[5] En el capítulo en que tratamos sobre la bondad vimos que Jesús nunca dijo que debemos odiarnos a nosotros
mismos, porque ¿cómo podríamos amar a nuestro prójimo como a
nosotros mismos si no nos queremos nosotros? (La forma en que
tratas a tu corazón es la misma en que tratarás a los demás). Jesús
siempre trató a las personas quebrantadas y equivocadas con bondad y con miras a su restauración. La encarnación misma debería
eliminar toda duda acerca de que Dios ama y aprecia tu humanidad, puesto que asumió la humanidad misma para redimir la
tuya. Tu personalidad no es el problema; el problema es quién está
al timón. ¿Qué alimenta y motiva tus facultades? ¿Quién está al
volante del autobús?

Cuando dejamos que gobierne el yo, nuestra conciencia de Dios
se oscurece y se frustra nuestra capacidad de recibirlo. Y la vida del
yo llega a ser una carga difícil de soportar.

Porque el yo nunca fue hecho para gobernar, y cuando le permitimos que lo haga, nos estamos transformando en víctimas de mil
angustias. Incontables presiones, para empezar, porque la vida ahora
depende de nosotros; somos dueños de nuestro propio destino, lo
cual es una carga aplastante. Luego vienen el miedo y la ansiedad
porque estamos solos y sabemos que no podemos controlar el futuro,
ni siquiera los próximos cinco minutos. El alma tiembla y se derrumba bajo el peso de todo. Albergamos falta de perdón, resentimiento y
un orgullo herido, porque simplemente no podemos alejar de nuestros recuerdos las injusticias que hemos sufrido. Mis derechos, mis

errores. El desapego benevolente es casi imposible para el yo exaltado porque está demasiado atrapado en todo el drama. La ira y la rabia son las reacciones habituales del yo frustrado. A menudo, se presenta la depresión cuando el yo se ve continuamente frustrado. (No toda depresión, por supuesto; también tiene fuentes emocionales y neuroquímicas, así que no me interpretes como que estoy agrupando todo bajo el yo).

Por último, se presentan varias formas de odiarse uno mismo: autodesprecio, rechazo, vergüenza. Y debido a que el yo está destinado a decepcionar, no logra alcanzar nuestra visión ideal de nosotros mismos, nos hace hacer cosas de las que luego nos arrepentiremos, y terminamos bajo las nubes del odio a nosotros mismos.

El yo es un pobre salvador y un dios completamente vacío.

Por eso deshacerse del yo mandón es un alivio tan glorioso.

«El yo», escribió C. S. Lewis, «puede considerarse de dos maneras. Por un lado, es la criatura de Dios, una ocasión de amor y regocijo; de hecho odiado en su condición, pero compadecido y sanado». Haz una pausa aquí por un momento, y deja que eso se profundice: compadecido y sanado, no odiado. Lewis continuó: «Por otro lado, está ese yo de todos los otros que se llama *yo* y *mí*, y que en ese terreno presenta una demanda irracional de preferencia [como aquel pasajero furioso en el aeropuerto, yo mismo incluido]. Esta demanda no solo debe ser odiada, sino simplemente condenada a muerte».[6]

Por eso Jesús dijo que debemos crucificar el dominio del yo en nosotros. A menudo.

Creo que es necesario explicar esto.

LO QUE HACEMOS CON EL YO

Los que hayan leído *Las Crónicas de Narnia* quizás recuerden a Eustace, aquel pequeño mocoso burlón que aparece en *El viaje del amanecer*. Eustace es insufrible, porque solo puede ver el mundo a través del lente de su yo ofendido; siempre se siente engañado, agraviado; cree que le dan las porciones más pequeñas, que le asignan las tareas más difíciles y que en todo momento le niegan sus derechos. Un día que se encontraba eludiendo esas tareas; se topó con el tesoro de un dragón y lo codició con todo su corazón pequeño y egocéntrico. Su envidia, su orgullo, las ofensas y la avaricia crecen hasta el tamaño de un dragón, y el pequeño tirano se convierte él mismo en un dragón (lo que ilustra la idea de que la vida del yo es lo que le da acceso a nuestro enemigo dentro de nosotros). Al principio, a Eustace le encanta la idea de que al fin podrá «desquitarse» de todas las personas que cree que han sido injustas con él. Pero ser un dragón, cuando se supone que eres un niño, es una vida muy triste, y Eustace llora lágrimas amargas por su condición:

> Quería volver a vivir entre los humanos y hablar, reír y compartir cosas. Cuando se dio cuenta de que era un monstruo aislado de toda la raza humana lo invadió una soledad espantosa. Comenzó a ver que los demás no habían sido realmente tan demonios como él creyó. Comenzó entonces a preguntarse si él mismo había sido una persona tan amable como siempre había supuesto que era. Anhelaba sus voces. Hubiera estado agradecido por una palabra amable incluso de *Reepicheep* [un personaje que a él le caía mal]. Al pensar en eso, el pobre dragón que había sido Eustace

alzó la voz y lloró. Un poderoso dragón llorando bajo la luz de la luna en un valle desierto es un espectáculo y un sonido difícil de imaginar.[7]

Estos fueron probablemente los primeros sentimientos saludables que tuvo Eustace. Necesitaba ser «desdragonizado», así que se puso a arañar sus propias escamas; sin embargo, no logró deshacerse de su condición de dragón. Solo el gran león, Aslan, pudo hacerlo por él y, aunque le dolió, fue maravilloso:

> Me daban miedo sus garras, te lo aseguro, pero en aquellos momentos estaba tan desesperado que me acosté bien estirado sobre el lomo para que lo hiciera.
>
> El primer desgarrón fue tan profundo que creí que había penetrado hasta el mismo corazón. Y cuando empezó a tirar de la piel para sacarla, sentí un dolor mayor del que he sentido jamás. Lo único que me permitió ser capaz de soportarlo fue el placer de sentir cómo desprendían aquella cosa. Ya sabes, es como cuando te arrancas la costra de una herida. Duele horrores pero resulta divertidísimo ver cómo se desprende. [...]
>
> Bueno, pues arrancó por completo aquella cosa espantosa; igual que pensaba que lo había hecho yo mismo las otras tres veces, solo que entonces no había sentido daño; y allí estaba, sobre la hierba, aunque mucho más gruesa, oscura y con un aspecto más nudoso que las otras. Y allí estaba yo, suave y blandito como un palo descortezado y más pequeño que antes. Entonces me sujetó —lo que no me gustó demasiado, ya que todo mi cuerpo resultaba muy delicado ahora que no tenía piel— y me arrojó al agua. Me

escoció una barbaridad pero solo unos instantes. Después de eso resultó una sensación deliciosa y, en cuanto empecé a nadar y a chapotear, descubrí que el dolor del brazo había desaparecido. Y en seguida comprendí el motivo. Volvía a ser un muchacho.[8]

Cualquiera que se haya liberado del ofendido yo puede sentir ese delicado alivio.

Es por eso que Jesús dijo que debemos tomar nuestra cruz y morir a la supremacía del yo cada día, probablemente muchas veces al día (ver Mateo 10:38; 16:24; Marcos 8:34; Lucas 9:23; 14:27). Él *quiere* que experimentemos este alivio delicado. ¿Por qué otra razón vino? Esta mañana, me desperté con el yo demandando mucha más presencia de mí que de Dios. Por supuesto, Dios estaba presente, pero el yo es una fuerza que se interpone entre nosotros. Así que necesitaba comenzar mi día con una oración simple: *Te entrego la vida del yo a ti, Dios. La suelto, la libero, la niego, te la entrego. Prefiero tenerte a ti que tenerme a mí mismo.*

Está claro que debemos crucificar al yo exaltado y ofendido. Pero por la forma en que se ve este proceso cuando está en acción, muchas personas muy queridas se confunden y no saben qué hacer. Veamos de nuevo lo que Helen Macdonald tiene que decirnos al respecto:

No se trata de frustrar o burlarse del pobre yo, nos dice Jesús. Ese no fue el propósito por el cual Dios nos lo dio. Nos dice que debemos dejarlo por completo: cederlo, negarlo, rechazarlo, perderlo: solo así lo salvaremos, solo así tendremos una participación en nuestro propio ser. El yo nos ha sido dado para que podamos sacrificarlo; es nuestro para que al igual que Cristo, tengamos [algo]

que ofrecer; no se trata de atormentarlo, sino que se trata de negarlo
[...] rechazarlo, abandonarlo; negarle todo el derecho para que nos
gobierne, decida o sea el elemento originador en nosotros.[9]

En otras palabras, lo simple y sencillo que hago (estoy tratando
de practicar esto todos los días) es orar: *Jesús, te entrego la vida del
yo*. No lo estoy odiando; no me estoy burlando de él. No lo estoy
reprendiendo ni estoy acumulando acusaciones y desprecio contra
él. Lo estoy entregando, entregándolo a Jesús, renunciando a todos
sus derechos. A continuación te señalo algunas formas prácticas y
efectivas en cuanto a cómo hacerlo:

«La envidia no es capaz de admirar ni respetar. No puede ser agra-
decida», escribió Sayers.[10] Entonces, una forma maravillosa de frustrar
al yo es *admirar y ser agradecido*. Ora por las personas que se encuentran
en una mejor situación que tú, que son más talentosas que tú o que
tienen perspectivas circunstanciales más altas que las que tienes tú.
Alégrate con los que se alegran. Ora por el ascenso que recibe otro, el
embarazo de alguien, la sanidad de un enfermo. Eso crucifica la envidia.

No le des lugar a la ofensa. Dado el aire social que respiramos, esto
será de una *enorme* ayuda. Cuando sea y donde sea que veas que la
ofensa aparece, crucifícala, no le des chance. Entiendo que en algunos
casos, la ofensa podría ser justificada. La gente hace cosas ofensivas.
Todos los Eustace *son* ofensivos. Pasan por encima de ti en la fila del
supermercado, tratan de ocupar tu lugar en el teatro, entran a las
redes sociales y dicen todo tipo de barbaridades. Pero el punto es
que no debes dejar que eso te atrape. La ofensa no tiene buen final.

Esta mañana tuve una pequeña victoria. Estaba revisando el
correo electrónico antes de ponerme a trabajar cuando vi que alguien

me había enviado un correo bastante ofensivo. El yo desenfrenado siempre está listo para corregir a otros, criticar y publicar críticas negativas. Pero esto era tan sin fundamento, que tuve una respuesta muy diferente. Estaba listo para enviar una devastadora reprimenda de dos oraciones cuando Jesús me dijo: *¿Por qué vas a hacer eso? Ni pienses en la ofensa. Déjalo ir, John; bórralo. No le des importancia.*

Cultiva la admiración. Cuando te sumerges en las redes sociales (que espero que a estas alturas sea cada vez menos) y te encuentras con la maravillosa vida de alguien, anímalo. Alaba a Dios por eso. Hazlo algo personal: «Señor, ella tiene una voz maravillosa. Voy a orar para que sea ella quien dirija la alabanza la próxima semana en lugar mío». «Jesús, él es un atleta fabuloso. Voy a orar para que sea aceptado en el equipo». ¡Adiós yo! ¡No vas a conquistar mi alma!

¡Qué gozo más grande! ¡Qué alivio! Prefiero tener mucho más de Dios que mimar al pequeño tirano del yo. Y mientras lo crucifico, Dios está ahí, por lo que ahora hay mucho más espacio en mi alma para que él lo llene.

Por cierto, es por eso que la vida cristiana solo funciona a través del abandono total. Tiene que ser absoluto. Si retenemos algo, estaremos reservando para nosotros una parte de nuestras vidas, grande o pequeña, y entonces el yo será el que mande allí, poniéndonos continuamente en contra de Dios. Una casa dividida no puede permanecer. Las experiencias cristianas más decepcionantes pueden explicarse por la franca admisión de que no fueron entregadas a Dios. No hay otra manera de seguir a Cristo. Con que radiante y absoluta claridad lo dijo: «El que procure conservar su vida la perderá; y el que la pierda la conservará» (Lucas 17:33).

¡INTÉNTALO!

Como sea que quieras describirlo, entrega la vida del yo cada mañana. Niégalo, abandónalo, ignóralo. Deja que Dios sea tu Dios; deja
que Jesús sea tu Señor operacional. Tomar tu cruz cada día es un
alivio total.

Libérate de la cultura de la comparación, de la envidia y del yo
ofendido desconectándote de la matriz de Internet siempre que te
sea posible. ¿Por qué nadar en esas aguas?

Ora por el éxito de otras personas... eso realmente humilla la
vida del yo en nosotros.

Cuando se trate de hablar con otros, no esperes secretamente tu
turno. Dales tu completa atención. Deja que el foco se concentre en
ellos hasta que te pidan que hables tú. Aun cuando nunca lo hagan,
mantén una actitud sobria.

Adora. En verdad. Adopta la música de adoración y la exaltación
a Jesús como una práctica normal en tu vida.

Y para el propósito de encontrar a Dios, cuando le entregues
el yo, pídele más de él. Descorre la pesada cortina del yo y Dios
estará allí.

El alivio te sorprenderá.

Capítulo diez

OCÚPATE DE LOS LUGARES
DESCUIDADOS EN TU ALMA

La primavera pasada, mi querida esposa salió de la ciudad durante siete días. Tenía una gran necesidad de un lapso consigo misma, de estar lejos, para cuidar de su alma y pasar un tiempo a solas con Dios. Me dejó en casa con los perros, los caballos, las tareas domésticas normales y mi trabajo. Y... una casa vacía, con las tardes para hacer lo que quisiera. Me imaginé en todo tipo de rapsodia masculina de soltero: horas de televisión por cable, viendo los principales programas de fútbol y de cacería; cereal para la cena; vistiendo ropa lavada, secada y aun tirada sobre el sofá.

Al llegar a casa después de dejar a Stasi en el aeropuerto, me quité los zapatos y miré a mi derredor, preguntándome por dónde comenzarían los disfrutes de mi soltería. Fue entonces cuando Dios intervino. *Busca tu diario*, me dijo. Para ser justo, pasar un tiempo

con Dios también estaba en mi agenda. Solo que no tan repentinamente; quizás después de ese sándwich de pastrami y una vez terminado el partido del Liverpool. Me quedé parado en medio de la
sala; era un hombre vacilante entre la claridad y la negación. Tal vez
no había escuchado bien.

Busca tu diario, repitió Jesús. *Has descuidado tu alma.*

Un largo suspiro. Eso ya lo sabía: mi alma *se sentía* descuidada.
Me dirigí lentamente a mi oficina, agarré el diario, regresé a la sala y
me senté: el escolar culpable que sabe que ha estado fallando en sus
tareas no está nada feliz por ser descubierto, pero sí lo suficientemente arrepentido como para sentarse pluma en mano, preguntándose cuál sería la siguiente jugada del Maestro.

«¿En qué he descuidado mi alma, Señor?», pregunté.

En tus penas olvidadas, me respondió.

Otro suspiro. ¡Ufa! Se estaba moviendo rápidamente. Yo sabía
que tenía razón. Quiero decir, esto no estaba en ningún lugar de mi
radar, pero una vez que Jesús lo mencionó, supe que se trataba del
lugar ignorado y desatendido. (A veces se necesita que alguien men-
cione lo que tenemos delante que no podemos ver). Los espectáculos
de fútbol y de cacería no iban a satisfacer mis necesidades reales.

Así que comencé a hacer una lista de pérdidas y decepciones de
los últimos dieciocho meses. No fue en absoluto pesado ni oscuro;
fue catártico. El alivio por el simple hecho de nombrar cosas fue
palpable. Porque el dolor, la decepción o la tristeza están ahí, reco-
nocidos o no, y se necesita mucha energía para mantenerlos bajo la
superficie. Dejarlos salir, nombrar sus fuentes es un alivio. La pelota
de playa que hemos estado tratando de sostener bajo el agua emerge,
y ya no tenemos que reprimirla más.

EVITA PROCRASTINAR

El cuarto de nuestro hijo durante su infancia estaba en el sótano, precisamente debajo del baño del piso superior. Cuando se usaba el inodoro o se vaciaba la bañera, parecía que el agua corría por las paredes. Sonaba casi como una atracción de Disney. Un día me di cuenta de que el baño tenía una fuga bastante considerable y me preocupé. *¿Cuánto tiempo habrá estado así?*, pensé. Así que, de inmediato, bajé a la habitación de mi hijo y busqué... hasta que encontré una mancha de agua en el techo. No era grande, aunque sí visible. *¡Chispas!*

Me dirigí al garaje en busca de una escalera y una herramienta para cortar paneles de yeso, y procedí a averiguar hasta dónde había llegado el daño. Esperaba lo peor (siempre tememos lo peor) y no me habría sorprendido si, después de hurgar un poco, se hubiese caído un pedazo de cielorraso arrastrando consigo el inodoro y la tubería. Para mi alivio, la fuga de agua parecía ser intermitente, el panel de yeso no estaba empapado, sino manchado solamente, por lo que supe que el siguiente paso sería reemplazar la parte dañada del techo y asegurar el inodoro con una nueva empaquetadura y unos pernos. Pero no lo hice en ese momento.

Hasta un año.

Sí, señor. ¡Un año entero! Se me pasó. Para ser justo, realmente lo olvidé; para ser *franco*, estaba en negación respecto al asunto. Sencillamente, no tenía ganas de asumir ese proyecto, así que fue fácil dejar que «se me pasara».

Querer que nuestros problemas simplemente desaparezcan es inherente a la naturaleza humana. Seamos sinceros: ¿Cuántos de nosotros hemos escuchado un ruido procedente, en apariencia, del motor o la transmisión de nuestro automóvil y no hemos hecho nada al respecto, esperando que simplemente desaparezca? Hacemos lo mismo con nuestra salud todo el tiempo: ese pequeño dolor, ese bulto que notamos de repente, esa indigestión que no termina, esos pocos kilos de más claman por nuestra atención, pero los dejamos pasar durante meses o incluso años, esperando que todo se resuelva como por arte de magia.

Cuánto más nuestras almas. En este mundo tan atareado, tan loco y confuso, es muy fácil (y mucho más eficiente) enviar el alma a la parte trasera del autobús. Prioridad cero. Quizás más tarde. Pero, mi querido lector, déjame confesarte una cosa: con lo que has leído hasta aquí, ¡me siento orgulloso de ti! Haciendo las decisiones difíciles que haces, te estás asegurando preciosos frutos para muchos años.

Así que... ¡adelante! Demos el próximo paso. Hablemos de los lugares descuidados en tu alma.

Comenzaremos con asuntos tales como pérdidas descuidadas, desilusiones y dolor, no porque estos sean los problemas principales en la vida de cualquier persona, sino porque son las cosas de las que tendemos a huir. Por supuesto que lo hacemos. Huimos del dolor, volvemos a nuestras vidas normales, intentamos pretender que no estamos afligidos, ni desamparados, ni cualquiera que sea la pérdida. El problema es que al hacerlo, estamos huyendo de grandes extensiones de nuestra propia alma, dejándolas atrás, y luego no podemos encontrar más de Dios porque estamos buscando con muy poco de nuestra propia alma.

Se necesita más de *ti* para encontrar más de Dios.

Esa es una gran idea, así que déjame explicarte. Mi primer perro fue una mezcla de *Border Collie* de los Pirineos, un sabueso muy inteligente que parecía un lobo y jugaba como un cachorro. Se llamaba Joshua. Nunca en toda su vida fue necesario sujetarlo con una correa. Era el mejor perro que he tenido y, cuando lo perdí, no supe si querría tener otro.

Años más tarde tuvimos a Scout, nuestro primer perro de la familia, un gran Golden Retriever macho, que amaba el senderismo, el piragüismo y la ropa interior. Era un gran perro; perderlo fue desgarrador, y me encontré dando menos de mi corazón a nuestro siguiente Golden, Oban, que perdimos este otoño. Ahora tenemos una Golden hembra a la que le pusimos Maisie, y soy consciente de que tiene aún menos de mí. Con el tiempo, cada pérdida nos ha hecho dar cada vez menos la próxima vez. Lo que está disponible en nosotros se reduce a través de nuestras pérdidas.

A menudo anhelamos más de Dios, pero no podemos encontrarlo porque estamos buscando muy poco. Mucho de nosotros se ha quedado atrás. Así como el asalto a nuestra atención continúa empujándonos hacia las aguas poco profundas, de modo que ya no escuchamos un llamado profundo a lo insondable, el ritmo de la vida nos hace pasar velozmente por momentos significativos de desilusión y pérdida, manera por la que se acrecienta la «superficialización» de nuestras almas. Somos como orillas de ríos erosionados, un poco más peladas cada año. O como el héroe solitario de la película *Desperado*, que fue perdiendo todos sus «altos y bajos» a medida que desaparecían sus sentimientos.

Así que este es un buen lugar para hacer lo contrario. Es posible que hayamos descuidado la necesidad de belleza que padece nuestra alma; o es posible que hayamos descuidado la necesidad de jugar; pero tengo razones para creer que las pérdidas desatendidas son un buen lugar para comenzar si recuperas y sanas el vaso que Dios *quiere* llenar, si abres espacio en tu vida para que te encuentre allí.

LA HONESTIDAD ES AMABILIDAD

Un amigo mío acaba de perder su trabajo. La esposa de otro amigo no puede quedar embarazada. El hijo de otros amigos intentó quitarse la vida el mes pasado. Mencioné anteriormente la pérdida de un joven en nuestra iglesia. Enterramos a nuestro querido perro de la familia. A una amada amiga de unos queridos amigos tuvieron que amputarle un pie, como resultado del síndrome del choque tóxico por una causa completamente desconocida. La joven esposa de otro amigo mío se rehúsa a tener sexo con su esposo; ¿la razón? Fue abusada cuando niña y, aunque mi amigo lo comprende y lo acepta, es bastante duro para un matrimonio no compartir intimidad conyugal por décadas. El empleado de la tienda de comestibles me dijo ayer que dejó de ser cristiano; tiene sus razones. Así que vamos a dejar todo esto en claro: vivimos en un mundo brutal. ¿Realmente necesito convencer a alguien de la veracidad de lo que afirmo?

Un mundo como este daña nuestras almas a un ritmo cotidiano. Día a día. Por eso, debemos vivir sabiamente.

Un colega mío estaba empezando a sufrir ante la noticia de la muerte de un amigo de la infancia. «Date tres meses», le dije. Este es mi límite estándar para el dolor. No porque sea un número mágico, sino porque tres meses son lo suficientemente largos como para ser realista y lo suficientemente cortos como para que la gente pueda escuchar. A nadie le gusta andar con el dolor a cuestas. Queremos que desaparezca lo más rápido posible, como un tío alcohólico que fuma un cigarrillo tras otro dentro de tu casa y además hace comentarios inapropiados, y todo lo que quieres es que se vaya. La locura del dolor es que creemos que nos sentiremos mejor en unos días. O en unas cuantas semanas. El permiso de duelo promedio en las empresas estadounidenses es de cuatro días para un cónyuge o un hijo y tres días para un progenitor.[1] ¡Tres días! Eso es una locura total. Comunica una ilusión que está totalmente separada de la realidad. A los tres días ni siquiera has comenzado a respirar. A los cuatro días todavía estás en estado de choque. Por eso es que yo sugiero tres meses de margen y cuidado del alma a las personas que sufren, porque en tres meses se destruye esa ilusión y surge un espacio abierto de tiempo en el que es posible comenzar el verdadero duelo y la recuperación. Fíjate que digo *comenzar* porque quién sabe cuánto tiempo llevará realmente ese proceso doloroso.

Este es un mundo caníbal que no te lo va a decir ni lo va a tener en cuenta para tratarte; así es que permíteme decírtelo: tus pérdidas cuentan.

Oh, qué amabilidad empezamos a vivir cuando empecemos a comportarnos sintiendo que lo que perdimos era importante.

Por eso parte de mi régimen de cuidado del alma incluye un bate de béisbol y un contenedor plástico de basura.

Te explico: la compañía recolectora de basura de mi ciudad provee a nuestro vecindario de unos contenedores grandes, incómodos y casi indestructibles, lo que los hace perfectos para aporrearlos con un bate de béisbol. Las pérdidas, las decepciones, el dolor y las injusticias causan enojo, por lo que debes tener un lugar adonde llevarlos. (Como terapeuta, he descubierto que la ira reprimida se transforma en miedo, lo cual no es mejor que la ira). Por eso, cuando el dolor, la ira, los robos y las pérdidas tocan a la puerta de mi vida, me encierro en el garaje donde está el contenedor de basura y lo apaleo hasta cansarme. (Si quieres hacer lo mismo, te recomiendo que cierres la puerta del garaje, si puedes; podrías alarmar a los vecinos). ¡Debemos hacer algo con nuestra ira! Y déjame agregar algo más: tú, por supuesto, estás enojado. Tu ira no es una señal de que algo anda mal contigo; algo anda mal en el mundo. De alguna manera, todo anda mal en el mundo. A menudo nuestra ira nos avergüenza, pero es simplemente una prueba de que nuestros corazones anhelan que las cosas *estén bien*.

COMIENZA ACEPTANDO QUE TUS PÉRDIDAS CUENTAN

Cuando Stasi se fue por diez días, Jesús aprovechó para llevarme a mis pérdidas, porque las había venido tratando como las goteras del baño, con absoluta negligencia. Primero me invitó a nombrarlas y luego, invitó a su poder sanador a encargarse de ellas, una por una. Algunas eran grandes, como la pérdida de un querido amigo por cáncer, y otras más pequeñas. Mi semana prevista para darme unos atracones de comida se convirtió en algo mucho más amable y curativo.

Como dijo Mark Twain, se requieren años antes de que te des cuenta del alcance de tus pérdidas:

La casa de un hombre se incendia. Los escombros representan para él solo un hogar en ruinas que a través de los años fue un lugar donde hubo cariño y relaciones agradables. Poco a poco, a medida que pasan los días y las semanas, primero echa de menos esto, luego aquello, luego lo otro. Y cuando los quiere encontrar, descubre que estaban en esa casa. Siempre son cosas esenciales: una sola en su tipo. No se pueden remplazar. Estaban en la casa que se quemó. Están irrevocablemente perdidas. El hombre no se había dado cuenta de lo importante que eran cuando las tenía; ahora lo descubre, cuando ya no las puede recuperar. Pasarán años antes de que se complete la historia de las cosas esenciales que se perdieron y, solo entonces, se podrá dar cuenta realmente de la magnitud de su desastre.[2]

Estas son las que podríamos llamar pérdidas iniciales; sin embargo, a medida que pasa el tiempo van apareciendo todas las demás: nadie a quien llamar para platicar acerca de lo que acostumbraban; nadie con quien compartir la alegría cuando tu equipo favorito gana. Ahora solo hay un vacío en tu vida. Te habían dolido las pérdidas iniciales, pero lo que estabas ignorando por completo eran todas las otras cosas perdidas en el incendio de esa casa.

También presté atención al proceso. Comencé a tomar nota de lo que me ayudó durante esa semana y lo que me causó dolor. Me percato de que, en mi ternura, estaba en un elevado estado de sensibilidad, pero encontré que era revelador por esa misma razón: podía decir de inmediato qué ayudó a mi querida alma, qué no y qué fijaba límites a lo dañino. Fue una epifanía; la mitad de las cosas que nos hacemos diariamente a nosotros mismos son bastante dolorosas.

La televisión lastima. Aunque generalmente disfruto holgazaneando mientras veo mis programas favoritos, esa semana no pude ver televisión. Era algo abrasivo, como si alguien te gritara cuando te acabas de romper un tímpano. ¿No es fascinante? Simplemente no lo sentí saludable. Mencioné antes la investigación que indica que ver eventos traumáticos puede ser perjudicial para el alma, y si eres un consumidor de televisión, habrás visto miles de eventos traumáticos. Un colega terapeuta me dijo que cuando empezó su trabajo clínico ayudando a veteranos de Vietnam, comenzó a tener sus propios recuerdos, aunque nunca estuvo allá. «Tenía pesadillas en las que había hombres muriendo; me estremecía cuando un auto resonaba. Sus historias eran tan devastadoras que mi alma estaba teniendo reacciones traumáticas comprensivas». Algo en las investigaciones está demostrando que eso ocurre en los casos de muchos cuidadores de la salud.[3]

Intenté ver *Gladiador*. Por lo general, me encanta ver esa película. Cuando apareció en la pantalla, se estaba desarrollando la escena que resultó ser una de las grandes batallas en el coliseo. Una parte de mi alma quedó atrapada al instante, pero otra más profunda se desalentó. Tuve que apagar el televisor. Ah… eso hizo que me preguntara a qué someto mi alma usualmente.

Necesitaba renunciar a los estimulantes. La nicotina, la cafeína, el azúcar; todas esas cosas que utilizamos para apuntalar nuestra felicidad diaria, con el tiempo terminarán quemándonos el alma. Porque el alma no siempre puede estar «encendida». (El otro día estaba en una de esas tiendas que hay en las estaciones de gasolina y me sorprendió el tamaño del refrigerador dedicado a las bebidas energéticas. Por un tiempo, solo existía Red Bull y otras marcas; ahora hay docenas y docenas, de piso a techo. Ocupan más espacio que las botellas de agua. Estamos forzando a nuestras almas a un perpetuo estado de ansiedad, lo cual es muy dañino. Es como estar subiéndole los límites de las revoluciones al automóvil todo el tiempo). El ritmo de vida, la falta de transiciones y estar siempre conectados a nuestros teléfonos y a la tecnología reduce nuestra vida a la experiencia continua de estar «siempre encendidos». Eso terminará por aniquilarte. Con lo que el mundo hace contigo es suficiente como para que afecte tu alma. No tienes necesidad de sobreestimularte.

Por el contrario, las «gracias» que muestro en este libro están diseñadas para ayudar a tu alma a salir del modo hipervigilante, de la distracción constante, del «ciclo» de dopamina, lo que sea en lo que estés atrapado. Esto permitirá que tu cuerpo, tu cerebro y tu alma se tranquilicen para encontrar a Cristo nuevamente.

> Crear sensaciones que digan que no hay emergencia ayuda a calmar el sistema de alerta del cuerpo (sistema hipotalámico-pituitario-adrenal o HPA) para que el cerebro (corteza prefrontal) pueda recuperar su capacidad de pensar y planificar. Permitirte experimentar las emociones incómodas (sin alimentarlas y hacerlas más intensas) hace que las emociones pasen. El relax te ayudará a tolerar la experiencia sin actuar en maneras que no son útiles a largo plazo, o bloquear las emociones, lo que hace que las emociones crezcan o surjan de formas que no esperabas.[1]

Como dije, hay una enorme diferencia entre el alivio y la restauración. Mucho de lo que me proporcionó alivio en el pasado fue no ayudar a sanar esos lugares abandonados que yo estaba subiendo a la superficie intencionalmente. Permíteme que te proporcione una breve lista de cosas...

Útiles: generosas cantidades de luz solar. Cualquier cosa viva y
verde. Paseos extensos. Caminos rústicos solitarios. Nadar.
Belleza. Música. Agua. Perros amigables (nunca lo enten-
dí cuando alguien me decía: «Oye, en realidad, nosotros
no somos personas perros». Es como decir: «Sí, no somos
realmente personas felices»). Compasión. No esperar que
produzca el mismo nivel de trabajo que normalmente logro
en un día. Trabajar en el jardín. Construir una cerca.

Inútiles: tiendas de comestibles. Centros comerciales. Televisión.
Tráfico. Escabullirme de la gente agotadora que quiere
hablar conmigo. (En este momento, los amigos y los familiares estarán preguntándose si entran en esta categoría. Está
reservada para las personas que viven fuera de contacto con
su propia alma y, por lo tanto, con la mía. «La forma en que
tratas a tu propio corazón»). Aeropuertos. Noticias, especialmente las políticas. Redes sociales. Tu dosis habitual de
películas violentas.

¿Qué grupo de las cosas que acabo de mencionar constituyen la
mayor parte de tu rutina semanal? ¿Empiezas a ver con más claridad
cuán esencial es que cuidemos deliberadamente nuestro corazón y
nuestra alma?

Amigos míos. En realidad, no quiero hacer el papel de profeta
inoportuno, pero el hecho es este: la vida no va a mejorar en este planeta. Va a ir más de mal en peor que de mal en mejor. Todas las señales
indican que está empeorando a un ritmo alarmante. «Si te cansa com-
petir contra simples hombres, ¿cómo podrás correr contra caballos? Si
tropiezas y caes en campo abierto ¿qué harás en los matorrales cerca

del Jordán?» (Jeremías 12:5, NTV). En otras palabras, si crees que esto es difícil, espera a ver lo que viene. Vamos a querer nuestras almas fuertes y listas para los días venideros: llenas de Dios, no descompensadas ni vacías. Por eso debemos practicar el cuidado del alma. ¡Ahora!

¡INTÉNTALO!

No te estoy sugiriendo que vayas a cazar brujas por cada lugar olvidado de tu alma. Hay demasiadas pérdidas ahí para que te encargues de todas a la vez. A muchas personas les da miedo enfrentarlas porque temen que si comienzan a llorar, nunca se detendrán. Eso no es cierto, pero seamos amables; abordemos esto de manera sensata. Elige algo que pudieras calificar de pérdida o decepción y que sientes que has tenido que desentenderte de eso porque no dispusiste de tiempo o espacio para enfrentarlo cuando sucedió. (Esto es, en parte, por lo que me gustó *H Is for Hawk*. Helen Macdonald había perdido a su padre, y fue su vida con un joven halcón y el bosque lo que permitió que su dolor surgiera y se sanara).

No tienes que dedicarle una semana a esto (a menos que tengas una disponible y Jesús la quiera aprovechar para ese propósito). Solo comienza a individualizar por nombre tus pérdidas. Escríbelas. ¿Qué se perdió? Una amistad, una esperanza, una oportunidad que podría haber dado forma a tu futuro? Es muy importante ponerle nombre. (Cuando digo «ponerle nombre», me refiero a que lo digas en voz alta. Di a la habitación donde te encuentras lo que estás descubriendo y cómo te hace sentir ese descubrimiento. Mejor aún, te animo a que lo anotes).

¿Que una película o una canción te han hecho llorar recientemente? (Es posible que haya una canción o una obra musical que siempre haga que broten tus lágrimas). Vuelve a verla o a escucharla y préstale mucha atención, ¿por qué? ¿Qué es lo que se despierta en ti al escucharla? Escribe lo que sientes. Las pérdidas olvidadas están ahí; dales una voz.

¿Y ahora qué? Deja que tu alma *sienta*. No le digas qué sentir; ella sabe qué hacer. Solo dale permiso para que lo haga. Al principio puede ser ira, tristeza o soledad, *¿por qué preocuparte?* Quizás te encuentres profiriendo algunas blasfemias, *no hay problema*. Tus pérdidas cuentan. No edites tu silencio.

La ira es una primera reacción bastante común en las pérdidas desatendidas. Déjala salir. Agarra una espátula de cocina y comienza a golpear los cojines de tu sofá, mientras vas diciendo por qué estás tan enojado por esa pérdida. Puedes tratar con el bate de béisbol y el basurero, solo que debes tener cuidado con el primer par de batazos. Mi contenedor es bastante resistente y a veces me devuelve los golpes como un bumerán. Quizás quieras practicar un poco antes dando golpes en el aire con el bate. Hazlo y verás lo agradable que es.

Lo que estarás haciendo con esta práctica será estar presente en tu propia alma, en lugares que habían quedado atrás.

El siguiente paso es invitar a Jesús a entrar. Invita su amor, su consuelo, su presencia a esta pérdida específica, porque su presencia trae misericordia y sanidad. Me parece importante que preguntes: «¿Qué tienes que decir sobre esto, Dios? ¿Qué me estás diciendo en cuanto a mis pérdidas?». Sus reconfortantes palabras de interpretación, o de promesa, son parte de la sanidad.

A veces lo que necesito es caminar hasta mi pequeño arroyo. Sentarme y ver el agua correr realmente ayuda. La belleza sana; la belleza contiene en sí la promesa de la restauración.

No he tenido la oportunidad de describir esto en otra parte, así que permíteme explicar una dinámica acerca de la manera en que Dios sana el alma; encaja perfectamente aquí. En el pasado, cuando me di cuenta de que algo en mi alma necesitaba su toque, su misericordia o su sanidad profunda, se lo traía a Jesús en oración y le pedía que lo tratara. Los resultados eran mixtos. A veces parecía funcionar, a veces no. Durante mi viaje por carretera a Montana, Jesús comenzó a mostrarme algo muy útil: no podemos quedarnos a cierta distancia de nuestra propia alma y pedirle a Cristo que «entre y lidie con eso». Esta no es una negociación de rehenes; no nos escondemos a una cuadra de distancia y esperamos que Dios se encargue del asunto. Estamos hablando de nuestra propia alma; la puerta se abre desde dentro. «Estoy a la puerta y llamo», explicó Jesús. «Si alguno oye mi voz y abre la puerta, entraré» (Apocalipsis 3:20). Abrimos la puerta a nuestra alma *desde el interior*. El propósito de dar nombre a la pérdida y sentirla es dejar que nos conduzca al lugar en nuestro propio ser del que nos alejamos. Debemos entrar en esos lugares nosotros mismos: en los recuerdos, en las emociones, en lo que sea de lo que estemos conscientes. Al hacerlo, estaremos *habitando* de nuevo nuestra propia alma. Jesús insiste en eso. Una vez allí, abrimos la puerta desde adentro e invitamos a Cristo a entrar, algo que él siempre está ansioso por hacer.

Tu alma es un instrumento hermoso, como un violoncelo o un piano, capaz de manifestar una amplia gama de expresiones y experiencias. Con el tiempo, las cuerdas se rompen, las llaves se pierden.

Treinta años de esto, y no queda mucho de nosotros para hacer música. Aunque queremos a Dios, él se ve obligado a tocar solo una o dos notas; es todo lo que puede hacer. Al atender los lugares abandonados de nuestras almas, estamos recuperando las cuerdas perdidas y las llaves dañadas. Cuanto más lo hacemos, más rica y colorida se vuelve nuestra vida, porque así Dios tiene mucho más para hacer música.

¡PÍDELO!

Para que no pasemos por alto lo obvio, permíteme hacer una pausa aquí para sugerir que, cuando busques más de Dios, no te olvides de pedir.

Es un pensamiento muy simple, pero tremendamente útil. A veces estamos tan concentrados en el proceso que nos olvidamos de pedir. No tenemos porque no pedimos (Santiago 4:2). Pide y recibirás, es la promesa (Mateo 7:7).

Así que durante todo el día, y en el transcurso de una semana, oraré por lo que más necesito:

Padre, Jesús, Espíritu Santo. Necesito más de ti, Dios. Necesito mucho más de ti. Mi alma clama por ti. Oh, Padre, Jesús, Espíritu Santo, lléname con más de ti, Dios. Necesito más de ti; oro por mucho más de ti. Satúrame.

Capítulo once

LOS DONES DE LA MEMORIA

Estamos en pleno invierno en Colorado. La hierba no ha estado verde desde hace meses; casi no recuerdo cuándo fue la última vez que corrí descalzo afuera. Anoche tuvimos quince centímetros de nieve, pero no la estoy disfrutando. Me encuentro dentro de la casa, escribiendo correos electrónicos, comunicándome con mi banco y arreglando reservas en alguna aerolínea para viajes de negocios que no tengo muchas ganas de hacer. Bueno, estuve dentro de la casa hasta que detuve el trabajo y eché mano a una piedra de río que mantengo sobre mi escritorio y que me hizo evocar el verano y a Wyoming.

La piedra tiene una sensación encantadora y fresca; es suave, glacialmente pulida y se ajusta a la perfección en la palma de mi mano. La saqué de un arroyo el último día de nuestro viaje familiar de verano al Parque Nacional de Gran Teton porque sabía que la necesitaría durante el largo invierno. Me detengo, le doy vueltas en mi mano, buscando un ángulo que sea de alguna manera nuevo para mí: usar deliberadamente la memoria para restaurar mi alma y volver de regreso a Dios.

Ahora me encuentro a la deriva, flotando lejos de mi correo electrónico; voy montado en una canoa mientras me dejo llevar por la corriente del río Snake...

El río ha cambiado mucho este año. Algunas de las viejas y conocidas barreras de grava que yo había visto tantas veces en sus orillas ya no están. Fueron lavadas por la corriente y, en su lugar, hay docenas de nuevos «bloqueos» de troncos y ramas enmarañados, algunos de varios metros de altura. Conté más de cien píceas gigantes que habían sido arrastradas río abajo, esparcidas por todos lados y con el aspecto de madera muerta. Se necesita mucha agua y corrientes de una fuerza formidable para arrancar los abetos y llevárselos como madera inerte. Aparentemente, durante la primavera pasada se había producido una de esas correntadas que había dejado su huella en el río. Cambios que un visitante primerizo nunca habría notado, pero nosotros sí los notamos porque hemos estado «navegando» por ese río por casi veinte años.

Comenzamos a ir ahí de vacaciones en los años noventa. Acampamos o nos quedamos en una cabaña; hemos caminado, navegado en canoa, nadado, saltado de una roca a otra tratando de encontrar arándanos y vida silvestre. Pero lo que comenzó como una búsqueda de aventuras se convirtió en otra cosa: en una peregrinación anual, una liturgia de belleza y una inmersión sin preocupaciones. Puedes decir que alguien ha estado en el culto del miércoles de ceniza por la mancha que lleva en su frente; puedes ver nuestra fiel observancia de este ritual salvaje en la popa de nuestra canoa, donde dieciocho calcomanías de permisos que se van desvaneciendo por el paso del tiempo son un testimonio de nuestras visitas, como un tatuaje.

Cuando dedicas a un lugar un largo tiempo, cada retorno se vuelve más rico, porque abres un álbum geográfico de historias, tus historias. Llegamos a Pacific Creek esa mañana y nos reímos de nuevo cuando McConnell agarró una canoa sobrecargada, la giró a favor de la corriente, la inundó y la envolvió alrededor de una de esas marañas. Treinta segundos después del lanzamiento.

Quedó grabado en mi mente el chapoteo del río en la canoa. El limo glacial en el agua genera un sonido arenoso en nuestros cascos.

Un águila calva vuela por encima de nuestras cabezas. En nuestro recorrido, nos encontramos con unos búfalos que bajaban a buscar un trago... de agua. Nos detenemos y brincamos donde siempre nos detenemos y saltamos. Luego viene el sitio en el río Snake donde esparcimos las cenizas de mi padre. El Snake corre a través del rancho en el que mi padre se crió, a unos cuantos kilómetros de aquí. Al visitar el lugar lo hacemos en silencio. No hay nada que decir. Seguimos remando.

Cada año que volvemos, agregamos a nuestra historia una nueva capa de aventura, belleza y encuentro. Capa sobre capa, como una rica pátina en un mueble reliquia de familia o, mejor, como la técnica que Rembrandt y los viejos maestros usaron en sus pinturas: colocar cuidadosamente una sobre otra docenas de capas de pintura para lograr ese efecto extraordinario de profundidad y gravedad. El poder de construir recuerdos, almacenándolos como un buen *whisky* guardado para el invierno.

Al poner en reversa mi mente, recuerdo lo bueno que es Dios. Esta piedra que tengo en mis manos me está trayendo de vuelta al Dios que amo.

UN REGALO ÚNICO

Los seres humanos somos criaturas notables, dotados de dones extraordinarios y finas facultades.

¿No te encanta tener sentido del humor? Yo disfruto riendo a carcajadas y también viendo a mis amigos y familiares reírse, como yo, a carcajadas. Meister Ekhart creía que habíamos nacido de la risa de la Trinidad.[1] ¿Qué podemos decir del sentido del olfato o del gusto? ¡Nuestro sentido del olfato puede captar un billón de olores diferentes![2] La música sigue siendo para mí una maravilla absoluta: la capacidad del oído humano para detectar notas sutiles, la gracia del alma para escribir sinfonías intrincadas. ¿Sabías que nuestra capacidad para la música no reside en una parte de nuestro cerebro, sino en muchas regiones de él? Los científicos no pueden entender por qué. Tales dones, tantas gracias nos llegan a través del talento de nuestra humanidad.

La facultad de la memoria es particularmente delicada. Yo creo que hay un secreto de por qué Dios nos dio la memoria.

No hay duda de que sin memoria no podríamos aprender nada. El lenguaje requiere la retención de sonidos, símbolos y sus significados, que se construyen en pro de un marco complejo de habla y lectura a lo largo del tiempo. Si no recordáramos las matemáticas simples no podríamos mantener el balance de nuestra chequera. Sin la capacidad de recordar una miríada de operaciones específicas no podríamos tener un trabajo. Y no podríamos mantener ni una sola relación si no recordáramos el rostro de una persona y mucho menos los aspectos de su vida. Sin memoria no podríamos abrirnos camino en el mundo. Nos perderíamos como niños porque no seríamos capaces de encontrar el camino de regreso a casa. Recuerdo que cuando era pequeño, el primer día de clases no pude reconocer la parada del autobús donde tenía que bajarme. Me sentí aterrorizado y solo cuando ya el autobús había dejado a cada uno en sus paradas, el conductor miró por el espejo retrovisor y se encontró con un niño que, avergonzado, lloraba en silencio y que no se había atrevido a decirle que no había reconocido la parada suya.

Sin embargo, hay algo más, algo conmovedoramente misericordioso acerca de la memoria. Tiene que ver con una pérdida muy común, tan cercana a nosotros y tan constante que nos hemos vuelto completamente insensibles a ello, o por causa de ello: nuestra incapacidad para detener el tiempo, aunque sea por un momento. Tan pronto como hemos entrado en una maravillosa experiencia de vida: un cumpleaños, una boda, aquella mañana navideña cuando tenías seis años y el estanque se congeló y obtuviste tu primer par de patines, al siguiente aliento todo eso quedará barrido por completo en la incesante corriente del tiempo, arrastrado río abajo y fuera de nuestro alcance.

Entre un parpadeo y cada momento precioso será repentinamente la semana pasada, el mes pasado o el año pasado.

Recuerdo (¡de nuevo la memoria!) una conversación que tuve como terapeuta con una joven madre que acudió a verme no por alguna crisis, sino llorando por la rapidez con que sus hijos iban dejando atrás su etapa de la infancia. «Estos son días tan preciosos», me dijo llorando, «y están pasando tan rápidamente que no puedo soportarlo. Sufro en vez de sentir alegría». Pocos de nosotros recordamos el sabor de nuestro primer helado, el primer libro que leímos, nuestro primer beso. Casi no podemos recordar las vacaciones que planeamos durante tantos años; todo terminó en pocas semanas.

A eso lo llamo pérdida porque es eso: una pérdida. Trágica, radical, humana. Toda tu vida, cada momento emocionante está siendo barrido río abajo de tu recuerdo, incluso mientras lees estas líneas. Daña mucho al alma y a nuestra vida con Dios. Todo lo bueno se termina. Detesto esa frase, la abomino como aborrezco el sonido de las sirenas o el de la tierra al caer sobre un ataúd.

Para que no nos desesperemos, Dios nos ha dado «un futuro y una esperanza» (Jeremías 29:11) y, para ser bastante específicos, incluye la restauración de cada precioso día de nuestras vidas. El cielo no es un borrador de memoria. Es el momento y la capacidad de saborear verdaderamente la historia de nuestras vidas, ver la mano de Dios en todo (las veces que los ángeles te rescataron), ser vindicado e incluso recompensado.

> «Señor, ¿cuándo te vimos hambriento y te alimentamos, o sediento y te dimos de beber? ¿Cuándo te vimos como forastero y te dimos alojamiento, o necesitado de ropa y te vestimos? ¿Cuándo te vimos enfermo o en la cárcel y te visitamos?». El Rey les responderá: «Les aseguro que todo lo que hicieron por uno de mis hermanos, aun por el más pequeño, lo hicieron por mí». (Mateo 25:37-40)

Ten en cuenta que esta promesa no puede cumplirse a menos que se conozcan nuestras historias, hasta en sus más mínimos detalles.

Tu historia es importante. Tu historia no se perderá. Escribí más sobre esto en mi libro *Todas las cosas nuevas*, así que solo lo mencionaré aquí. Todas las cosas buenas *no* llegan a su fin. Ni siquiera cerca.

Entre tanto, Dios en su misericordia nos ha dado una gracia para esta experiencia cotidiana de pérdida recurrente, incesante,

LOS DONES DE LA MEMORIA 149

inevitable; y ese regalo es la memoria. A través de la memoria, *si*
hacemos uso de ella, podremos regresar y beber más profundamente,
saborear y disfrutar el regalo completo de los momentos maravillosos
grandes y pequeños (porque el regalo completo no puede recibirse de
una sola vez).

Hay muchas razones por las que debería volver a mi correo electrónico, pero la mejor opción en este momento es sentarme y recordar
el río, la playa de arena blanca, el agua tan fría que el buceo profundo
hacía que la superficie se sintiera cálida, calentándome bajo los rayos
del sol veraniego. Suspiro (¡ahí está el gran suspiro!). Recuerdo que
Dios es bueno.

La flor de mi alma, que se había cerrado debido al frío gris del
invierno, se está abriendo nuevamente al calor de su bondad.

Jack Turner, uno de los antiguos escaladores del Servicio y
Escuela de Montañismo Exum Mountain Guides de Wyoming,
escribió el libro *Teewinot: A Year in the Teton Range* [Teewinot: un
año en la cordillera Teton]. Una obra llena de recuerdos de los líderes escaladores que han trepado la cordillera Teton, especialmente la
Grand. Cuando te has pasado la vida haciendo montañismo, tienes
muchas historias que contar. La mayoría de los amigos de Jack han
muerto en algunos de los lugares más altos del mundo. Pero el libro
es hermoso, porque es una remembranza de un lugar, este lugar, y está
lleno de conocimientos sobre flora y fauna y sobre historia nativa, con
su relación con un lugar conocido tan íntimamente como se conoce
a un amigo o al cónyuge de toda la vida. (Aquí estamos yendo tras el
don de la memoria y considera que si no pudiéramos retener las preciosas historias de un lugar, sería como la pérdida de un ser querido
cuando el lugar desaparece o ya no podemos caminar por allí).

Vuelvo a leer ese libro año tras año durante los largos inviernos, cuando no puedo salir a recorrer esos hermosos picos y prados. (Seguro conoces las alegrías que se experimentan al releer uno de tus libros favoritos. Es como regresar a un lugar de gratos recuerdos). Turner lleva al lector a una temporada de escalada en el parque. Cuenta la patética historia de cuando estuvo a punto de morir una tarde de otoño en que casi llegó a la cima del Grand en medio de una densa oscuridad para recuperar algo de equipo, y lo sorprendió una tormenta de nieve que llegó sin previo aviso. Se desorientó y estuvo a punto de extraviarse...

No estoy equipado para sobrevivir a una noche a la intemperie; nadie sabe dónde estoy; mi mente se convierte en un tumulto de imágenes paranoicas. Me obsesiono pensando en quién me encontrará, quién será el primero al que llamen. O, si la tormenta continúa, no me encontrarán sino hasta la primavera...

Las paredes de piedra son grasosas, llenas de agua medio congelada. En el verano, esta sección es tan fácil de escalar que no aseguramos a los clientes, pero en esta noche oscura estoy exhausto, desequilibrado y tan consciente de que hasta una pequeña caída podría ser mortal.

Entonces —en medio de la oscuridad— instintivamente mi mano derecha, quitando la nieve acumulada, busca en la pared rocosa una grieta en la cual apoyarme. Mis dedos se hunden en un gran asidero, uno que conozco tan bien como la diferencia entre el frío y el calor. Sí.

A medida que voy subiendo, mis dedos encuentran más asideros, todos ocultos bajo la nieve, todos esperándome como un

LOS DONES DE LA MEMORIA   151

viejo amigo, todos queriéndome saludar. El que conoce íntimamente un arrecife, un río o una montaña, en algún momento sabe
reconocer este sentimiento. Es uno de los regalos que fluyen al
regresar, una y otra vez, porque con cada nuevo retorno se enri-
quece el ciclo para siempre.[3]

Es algo maravilloso conocer íntimamente un arrecife, un río o
una montaña.

Porque puedes volver allí en tu memoria y volver a vivir esos
momentos que fueron tan significativos para ti.

APODÉRATE DEL REGALO

Mi amigo Dan tiene una historia muy personal relacionada con el
río Blackfoot en North Fork, Montana, uno que muchos lugareños
creen que es al que Norman Maclean se refiere como su «río familiar» en su semiautobiografía *A River Runs Through It* [Nada es para
siempre]. Dan va allí todos los años para acampar, pescar y huir de
los osos. (*No* le gustan los osos). Y cuando está de regreso a su mundo
laboral en la ciudad, languideciendo en las largas reuniones de oficina, vuelve allá mentalmente, y en su pensamiento vadea río arriba
pescando. El río, un regalo íntimo de Dios para él, se convierte así
en la fuente de mil regalos más a través del ejercicio de la memoria.

Cuando olvidamos (¡ah, y cómo olvidamos!), nuestros sentidos
pueden desencadenar un despertar de recuerdos y lugares, y cuando
menos nos damos cuenta, hemos vuelto allí como si fuera ayer. La
memoria sensorial es un primoroso regalo de Dios, especialmente

nuestro sentido del olfato; el sistema olfativo es el más cargado de memorias. Estoy seguro de que lo has experimentado innumerables veces: una bocanada de hierba recién cortada, una lata de duraznos en conserva recién abierta, aire salino o madera de pino, y estás de vuelta a tus lugares y recuerdos más queridos. Para mí, el olor dulce, húmedo, muy parecido al aroma del tabaco mezcla de álamo, sauces y el fondo del río (ecosistemas ribereños) me estará hablando para siempre de verano, aventura, vida salvaje, familia. Mientras veo por mi ventana caer la nieve, vuelvo a las historias del verano pasado y mi alma se nutre. Me siento confortado, receptivo nuevamente a la bondad de Dios.

Prueba esto: ¿podrías nombrar tres verdades excepcionales que llegaron a tu vida el año pasado, en las que experimentaste una claridad absoluta y tu alma fue prácticamente rescatada por esas verdades? ¿No te acuerdas? Entonces trata con esto otro: nombra tres experiencias maravillosas, regalos de Dios, en los últimos meses. ¿Tampoco? ¿Ves lo que quiero decir? El olvido es una pandemia espiritual que asola a la humanidad, con repercusiones peligrosas y letales. Por eso tan a menudo Dios hace tañer las campanas, tanto en el Antiguo Testamento como en el Nuevo, para «recordarnos» esas cosas:

«¡Tengan cuidado! Presten atención y no olviden las cosas que han visto sus ojos, ni las aparten de su corazón mientras vivan. Cuéntenselas a sus hijos y a sus nietos». (Deuteronomio 4:9)

En aquel día las ciudades fortificadas [...] serán como lugares abandonados que se convierten en bosques y matorrales. Todo será desolación. Porque te olvidaste del Dios de tu salvación; no te acordaste de la Roca de tu fortaleza. (Isaías 17:9-10)

Recuerda lo que has recibido y oído; obedécelo y arrepiéntete. (Apocalipsis 3:3)

Si llevas algún tiempo asistiendo a una iglesia tradicional, del tipo donde todavía se cantan himnos, es posible que recuerdes haber tropezado con un momento extraño durante la segunda estrofa de «Fuente de la eternidad» y que dice: «Aquí yo levanto mi Ebenezer / hasta aquí por tu ayuda he llegado / y espero por tu buena voluntad / seguro llegar a casa». No recuerdo la letra del resto del himno cuando me concentro en *¿Qué es eso de un Ebenezer? ¿Por qué lo estoy levantando? Yo no creo que tenga uno. ¿Debería tenerlo? ¿Lo reconocería si lo viera?* Lo único que consigue ese Ebenezer es recordarme al viejo Ebenezer Scrooge que solía llevarme por los senderos de los conejos.

Este himno se refiere a una historia del Antiguo Testamento, a una de esas fabulosas batallas tipo «El señor de los anillos» cuando parecía que Israel estaba a punto de ser completamente masacrado por el ejército filisteo. Pero Dios intervino, y lo hizo tan poderosamente que el pueblo de Dios expulsó a sus enemigos de todo el país y mucho más. El profeta Samuel entonces «tomó una piedra, la colocó entre Mizpa y Sen, y la llamó Ebenezer, diciendo: "El Señor no ha dejado de ayudarnos"» (1 Samuel 7:12). El punto aquí es que cada vez que un israelita pasara por ese camino, vería la piedra y recordaría lo que Dios había hecho, recordaría cuán fiel es él.

Recordar es bueno para el corazón.

Así que aquí, en mi escritorio, tengo varios ebenezeres. Un diente de oso, encontrado en lo alto de un paso sin nombre en un viaje de mochilero que no quiero olvidar. Unas piedras que son preciosas para mí: un granito de lo alto del Grand Teton; una roca de la cima de trescientos treinta metros en la cumbre Kit Carson; una pequeña piedra redonda de un intento fallido de escalar el contrafuerte norte del monte Sneffels y la cuerda de emergencia para descender bajo una tormenta eléctrica. Este año hay una nueva adición: esta piedra glacialmente pulida que sostengo en mis manos.

Por cierto, este uso deliberado de la memoria es una cura para una de las enfermedades más comunes del alma, esa que dice: «¿Qué has hecho por mí últimamente?», postura en que caemos al dirigirnos a Dios. Esa actitud poco simpática del rescatado Israel cuando se quejaron: «Claro, nos liberaste de la esclavitud; nos has alimentado milagrosamente todas las mañanas; ¿pero y el agua? ¿Puedes hacerlo también? ¿Y la carne?». Me rebelo contra esta parte de mí. ¿Vendrás a través de mis hijos esta vez? ¿Para este viaje? ¿Esta necesidad? Es vergonzoso.

La memoria nos hace volver a la bondad de Dios en nuestro pasado. Nos permite saborear los muchos regalos que nos ha dado. Te sugiero que hagas de ello una práctica.

¡INTÉNTALO!

¿Dónde están tus piedras memoriales? Apuesto a que en tu casa o apartamento tienes fotos, obras de arte, pedazos de madera que encontraste flotando en alguna playa, un grabado del Louvre. ¿Te detienes a contemplarlos y permitirles que te lleven al pasado? ¿O se han vuelto tan familiares que ya no las ves? Quizás deberías cambiarlas de sitio o adquirir algunas «piedras» nuevas.

¿Y tu teléfono? Dale un uso redentor. Tu teléfono es un álbum de recuerdos en fotos. Cuando dispongas de un tiempo de sosiego, actívalo; pero en vez de revisar el suministro de noticias, haz un recorrido por ese álbum de fotos y deja que te lleven a momentos preciosos. Quédate ahí y disfruta el regalo.

¿Dónde guardas todas esas palabras que alguna vez significaron tanto para ti, la claridad que recibiste sobre tu identidad? ¿La cita que interpretaste como el lema de tu vida? ¿El consejo que sabes que te salvará la vida si lo sigues? ¿Las preciosas verdades que sabes que son de Dios? *¡Escríbelo!* Ponlo en pequeñas notas en diversos lugares de tu casa para tu propio beneficio. Yo voy a pegar notas en el espejo de mi baño que digan: «Eres profundamente amado». «Dios es bueno». Cosas así.

Esta gracia requiere un poco más de propósito que otras. La escarcha aparece en el cristal de tu ventana, lo que te recuerda que debes dejar entrar la belleza en tu alma. El recordatorio que te hace evocar tu «pausa» te ayudará a practicarlo durante el día (has establecido esos recordatorios de que hablamos, ¿verdad?). Habrá ocasiones en que algo que ocurra generará en ti un recuerdo, y si puedes hacerlo en ese mismo momento, disfrútalo. Yo he descubierto que debo ser más intencional con esta gracia y que debo darle la oportunidad para que se exprese. Siempre valdrá la pena.

Capítulo doce

CREE

En cierta ocasión encontré, en una venta de artículos usados en una casa, una antigua lámpara de escritorio que tenía un interruptor ondulante. La compré. La lámpara se enciende y se apaga sin ton ni son. En un momento la habitación estaba iluminada y, al siguiente, oscuridad total. Pero la lámpara no era nada de tonta porque el jueguito de enciende y apaga no lo hacía con una frecuencia que pusiera en riesgo su supervivencia. La mayoría de las veces permanecía encendida pero luego, sin previo aviso, se apagaba como si un niño travieso hubiera entrado sigilosamente y accionado el interruptor. Clic. Este peculiar rasgo de personalidad de la lámpara era irritante para mí, particularmente durante la lectura nocturna. Cuando estaba absorto en algo bueno y lo disfrutaba, involucrado en la historia, de repente... oscuridad. La página se había ido, el libro desaparecido. Como por arte de magia, el apagón me sacaba de la experiencia que estaba viviendo.

Por supuesto, el libro *en realidad* no había desaparecido. La que simplemente «se había ido» era la luz. Un interruptor poco confiable; nada de misterio, todo explicable.

Pero, «a la luz» de esta historia, ¿cómo podríamos explicar que la mayoría de las personas experimentan esto, una y otra vez, al buscar a Dios? A veces Dios parece estar muy cerca; otras, parece haberse ido a otro lado. Esto es duro para el corazón y para el alma. Y digo *que parece*, porque Dios realmente nunca se va; nunca se desvanece, no más que el libro que estaba leyendo cuando a mi lamparita se le ocurrió llevarse su luz. Él siempre está; siempre está cerca:

> Les aseguro que estaré con ustedes siempre, hasta el fin del mundo. (Mateo 28:20)

> «Nunca te dejaré; jamás te abandonaré». (Hebreos 13:5)

> En él vivimos, nos movemos y existimos. (Hechos 17:28)

Dios nos circunda; flotamos en Dios como en el oxígeno. Él está a tu lado ahora mismo, mientras lees este párrafo. Sin embargo, a pesar de esta realidad y de lo maravillosa que es, a Dios no siempre lo sentimos cerca; no tenemos una experiencia constante de su presencia. (Incluso hay quienes muy rara vez son conscientes de esto). Vivir así tiene que ser muy desalentador; detesto esa montaña rusa.

No obstante, me temo que no entendemos lo que está sucediendo. Creemos que Dios se nos presenta o no, de acuerdo con algunas reglas del juego espiritual de las que no somos completamente conscientes. Así que pasamos nuestros días esperando su próxima llegada, como cuando perdemos el tren de las cinco y cuarto, y nos ponemos a dar vueltas mientras llega el de las seis y media. Como los que observan el cielo, esperando la próxima estrella fugaz.

Sin embargo, Dios siempre está aquí, no solo alrededor de nosotros, sino también *dentro* de nosotros:

Y yo le pediré al Padre, y él les dará otro Consolador para que los acompañe siempre: el Espíritu de verdad [...] porque vive con ustedes y estará *en ustedes* [...] se darán cuenta de que yo estoy en mi Padre, y ustedes en mí, y yo *en ustedes*. (Juan 14:16-20, énfasis añadido)

Para que por fe Cristo habite *en sus corazones*. (Efesios 3:17, énfasis añadido)

A estos Dios se propuso dar a conocer cuál es la gloriosa riqueza de este misterio [...] *Cristo en ustedes*, la esperanza de gloria (Colosenses 1:27, énfasis añadido)

Nunca estamos separados de Dios. Él está a nuestro derredor y dentro de nosotros. ¿Cuánto más se puede acercar? ¿Por qué, entonces, no disfrutamos la experiencia de Jesús y sus recursos de manera más congruente?

Porque tenemos un interruptor de luz titilante dentro de nosotros y ese interruptor es creer.

ENCENDIDO Y APAGADO

Esta mañana me desperté sintiéndome mal sin razón aparente.

Ayer fue un buen día. Dormí bien durante la noche, pero cuando desperté, sentía mi corazón pesado. Parecía que Dios no estaba en casa. Parte de mí quería simplemente quedarse ahí y dar paso a esos sentimientos tan deprimentes, pero los ángeles de mi mejor naturaleza sabían que necesitaba levantarme y orar; de modo que tiré de las cobijas (el frío no es un mal motivador), salí a la sala y casi arrastrándome me dediqué a mi ritual matutino sin la sensación de su presencia que tanto aprecio. Desearía poder decir que la mayoría de las mañanas me despierto con una conexión inmediata e íntima con Dios, y que la conversación fluye espontáneamente. Un amigo me contaba que a veces se despertaba y veía a Jesús sentado a los pies de su cama. De ocurrirme eso, ¿no sería maravilloso? Pero por las noches nos asaltan los miedos subconscientes, los fracasos y las preocupaciones. Y también el enemigo, un león tenebroso que a menudo nos visita por las noches. Nos despertamos bajo acusaciones, desánimo, pesadumbre.

Como admitió el antiguo poeta George MacDonald, al final de su vida cristiana:

> A veces me despierto y he olvidado
> ¡Que iba a la deriva en un mar menguante!
> Mi alma que estaba en reposo ahora no descansa,
> Porque estoy conmigo mismo y no con él.[1]

Sí, así es como me sentía. Entonces decidí hacer un experimento.

Mientras luchaba con mis oraciones, decidí considerar el poder de creer. Con delicadeza me aislé de mis miserables sentimientos y quise creer que Dios estaba cerca. Básicamente le dije a mi alma triste: *Sentimientos, lamento que no estén bien, pero no quiero dejarlos definir mi experiencia en este momento. Creo que están equivocados. Dios está aquí, yo soy suyo, somos amigos íntimos. No sé por qué me siento deprimido, pero simplemente no es verdad.* Luego dirigí mi atención hacia Dios, como si estuviera a mi lado. *Padre, gracias porque estás aquí. Todo está bien. No hay nada malo. Simplemente, hoy vuelvo a alinearme contigo.* A partir de este punto seguí con mis oraciones.

El efecto fue sorprendente. De repente, Dios había vuelto, como si hubiera reaparecido, *¡puf!*, como un genio.

Fascinado, volví hacia mis sentimientos abatidos y, como la vieja lámpara, la luz de mi experiencia se apagó, *Clic.* Estaba solo en el cuarto. Molesto por esa condición, me separé suavemente de mis sentimientos de nuevo, con lo que quiero decir que no les dije nada sobre mi interpretación de la realidad, del día, de mi experiencia. Los ignoré y me dirigí a Dios: *Jesús, gracias porque estás aquí. Estás conmigo y estás en mí. Somos buenos. Clic.* Había vuelto.

Me sorprendieron mis hallazgos. Con sinceridad, pensé que mis sentimientos eran un informe bastante decente de la realidad. Ese fue un giro muy esperanzador. Mi experiencia con Dios no tiene que ir y venir como pensaba.

El experimento no fue un ejercicio de negación, por cierto. Esto es exactamente lo que el salmista nos indica que hagamos:

¿Por qué voy a inquietarme? ¿Por qué me voy a angustiar? En Dios
pondré mi esperanza, y todavía lo alabaré. ¡Él es mi Salvador y mi
Dios! (Salmos 42:11)

Él es amable con tu alma atribulada, pero no deja que sea ella la
que se ponga al volante. Con ternura redirige tu mirada: *Entiendo, mi
querida alma, que no estás bien. Pero Dios no nos ha abandonado. Así
que voy a dirigirme a él y no permitiré que tú determines mi realidad.*

BUENAS NOTICIAS

No creo que hayamos admitido ante nosotros mismos cuánta fe es
una opción.

Algunas mañanas te despiertas y sientes que Dios está cerca; el
día parece esperanzador. A la mañana siguiente, Dios parece lejos; el
día no tiene cara de día. Por años escribí sobre los pros y los contras
de la vida espiritual, empañada por lo variable de mis emociones. De
pronto, sin embargo, Jesús comenzó a mostrarme algo.

Innumerables veces en los últimos años, estando en un tiempo
de oración, pedía la ayuda o la orientación de Dios para esto o para
lo otro, y Jesús respondía: *Cree en mí.* Solo eso, un mandato directo.
Cree. Así de simple; sin embargo, con toda su simpleza, esa orden
apuntaba directamente al núcleo de mis problemas. O mis emociones caprichosas tenían el control o mis circunstancias habían obs-
truido completamente mi atención. El caso es que no estaba decidido
a creerle a Dios. Ni tampoco estaba operando desde esa posición.
Creer. Las instrucciones revelaban que estaba atrapado en mi estado

emocional. Tomando ese simple mandato como la puerta de regreso a sentir a Dios, simplemente diría: «Está bien, está bien. Te creo. Te creo». Y Jesús volvería a mi conciencia. Me sorprendió lo directa que era la conexión.

Esperamos ser alcanzados por un rayo. O una epifanía. En nuestra era terapéutica, nos hemos vuelto tan cohibidos, tan profundamente absortos en nuestras circunstancias personales, que pensamos que creer también es una experiencia. No lo es. Es, ante todo, un acto de la voluntad. Una elección. ¿Por qué otra razón reaccionaría Jesús ante las dudas de su querido amigo Tomás diciéndole: «No seas incrédulo, sino hombre de fe»? (Juan 20:27). En ese momento, Tomás tenía que tomar una decisión, una decisión que era muy capaz de tomar, una decisión que nuestro Señor estaba *esperando* que tomara. La experiencia de Tomás estaba esperando una elección.

La fe, o creencia, solo puede ser recompensada si es algo que hemos elegido. Tú no recompensarás a tu hijo por terminar su tarea si la hiciste tú. La fe no puede ser recompensada si simplemente es fortuita. La creencia es algo que armamos, que nos proponemos y que *practicamos*. Sobre todo cuando la «información» ante nosotros parece argumentar en contra. Nuestra fe en Dios es nuestra posesión más preciosa, y Dios se compromete a profundizarla y fortalecerla:

Esto es para ustedes motivo de gran alegría, a pesar de que hasta ahora han tenido que sufrir diversas pruebas por un tiempo. El oro, aunque perecedero, se acrisola al fuego. Así también la fe de ustedes, que vale mucho más que el oro, al ser acrisolada por las pruebas demostrará que es digna de aprobación, gloria y honor cuando Jesucristo se revele. Ustedes lo aman a pesar de no haberlo visto; y, aunque no lo ven ahora, creen en él y se alegran con un gozo indescriptible y glorioso. (1 Pedro 1:6-8)

Me gustaría que las cosas ocurrieran de otra manera; por ejemplo, poder llegar a un lugar donde la creencia ya esté establecida y quedarme ahí. O, mejor aún, que se derramara sobre mí desde lo alto.

Pero si esa fuera la forma, a mí me parecería horrible. Sería como pedirle a mi esposa que tome el lugar de nosotros dos en el juego del amor: o, como pedirles a mis amigos que la amistad que nos une dependiera solamente de ellos. Amo a Dios. Me decido por Dios. Quiero que mi participación en la relación que mantenemos él y yo sea algo activo. Por eso, este pasaje de la primera carta del apóstol Pedro me ayuda a reinterpretar ese flujo y reflujo de creencias que parece tan real en toda experiencia humana. Dios no va y viene. Para que mi fe se fortalezca, profundice y purifique, soy yo quien tiene que hacer decisiones. Y llevar la función de la creencia de la experiencia a la convicción. Que es lo que George MacDonald quiere decir cuando afirma:

> El hombre es perfecto en su fe cuando puede allegarse a Dios desprovisto totalmente de sentimientos y deseos; sin un resplandor o una aspiración, solo con el peso de sus pensamientos reducidos al mínimo, con sus fracasos, sus negligencias y sus olvidos divagantes, y le dice: «Tú eres mi refugio, porque tú eres mi hogar».[2]

Hay una tentación sorprendente que viene a aquellos que han comenzado a buscar más de Dios, que quieren mantener una comunión normal con él. Y es esta: cambiar la facultad de creer (nuestra creencia) sobre nuestra experiencia de Dios por la misma razón que experimentamos y disfrutamos tanto esas experiencias. Nos acostumbramos a eso; se convierte en nuestra norma, y cambiamos sutilmente la creencia sobre nuestra conciencia real de Dios. Pero no es ahí donde pertenece. Con el tiempo, nuestra experiencia flaqueará y desvanecerá la creencia si sigue unida a ella. Dios quiere una fe fuerte e inquebrantable, por lo que a veces retira la *experiencia* de su presencia, no su presencia real, sino nuestra capacidad de sentirla, para que maduremos. Él quiere que optemos por la creencia y que la *ejercitemos*.

SOBRE TODO

El propósito de este libro es que, como una realidad operativa y creciente, busquemos más de Dios para nuestras vidas. Hay algunas cosas cruciales en las que debemos creer para que esta búsqueda resulte bien. En primer lugar, debemos estar seguros de que Dios *quiere* darnos más de sí mismo. (¿Crees eso? ¿Crees, realmente, que Dios quiere darte eso, más de sí mismo?). La erosión que el mundo ocasiona a nuestras almas y la forma intermitente en que muchos buscan de Dios, con el tiempo, sembrarán semillas de duda en nuestros corazones en cuanto a si Dios realmente quiere darse a nosotros más. Escuchemos sus deseos y promesas al respecto:

«Pidan, y se les dará; busquen, y encontrarán; llamen, y se les abrirá la puerta. Porque todo el que pide recibe; el que busca encuentra; y al que llama, se le abre. ¿Quién de ustedes que sea padre, si su hijo le pide un pescado, le dará en cambio una serpiente? ¿O, si le pide un huevo, le dará un escorpión? Pues, si ustedes, aun siendo malos, saben dar cosas buenas a sus hijos, ¡cuánto más el Padre celestial dará el Espíritu Santo a quienes se lo pidan!». (Lucas 11:9-13)

No piensen que Dios da el Espíritu de a poco. El Padre ama al Hijo extravagantemente y se lo entregó todo para que él, a su vez, pudiera darlo: una distribución admirable de regalos. ¡Es por eso por lo que quien acepta y confía en el Hijo recibe todo, la vida completa y para siempre!. (Juan 3:34, traducción libre de *The Message*)

Cuando le pidamos a Dios una mayor medida de su presencia en nosotros, hagámoslo con confianza, creyendo que él *quiere* dárnosla. Hacerlo así será de gran ayuda.

Segundo, reconozcamos que Cristo ya está en nosotros y traigamos a nuestra memoria esa maravilla. Los manantiales de vida brotan desde *adentro*. No esperemos que Dios nos los haga caer desde lo alto. ¡Busquemos el surgimiento de Dios desde el interior de nuestro propio ser! La escritora francesa Jeanne Guyon me ayudó a comprender este cambio de paradigma:

Tu camino hacia Dios comienza el día de tu conversión, porque la conversión marca el regreso de tu alma a Dios [...] para encontrar al Dios que acaba de llegar a residir en el centro de tu ser. Tu espíritu instruye a tu alma que, dado que Dios está más presente en lo profundo de ti [...] *debe* buscarse por dentro. Y debe disfrutarse allí [...]. Por lo tanto, desde el principio encuentras una gran alegría al saber que tu Señor está dentro de ti y que puedes encontrarlo y disfrutarlo en tu ser más íntimo.[3]

Ahora, permíteme hacer una pausa para decirte que si nunca has abierto tu corazón a Jesucristo, este sería un momento perfecto para hacerlo. «Mira que estoy a la puerta y llamo», dice Jesús. «Si alguno oye mi voz y abre la puerta, entraré, y cenaré con él, y él conmigo» (Apocalipsis 3:20). Y el punto de retorno para cada ser humano, la invitación para que Cristo entre, es algo así como:

Señor Jesús, gracias por acudir a rescatarme con tu propia vida, muerte y resurrección. Perdóname por haber estado viviendo una vida tan independiente, tan lejos de ti. Te abro mi corazón y mi vida ahora. Te pido que entres y seas mi Señor, mi Salvador, mi amigo.

Bien, es de vital importancia que cada uno dé este paso, porque al pedirle a Cristo que entre a su vida, Cristo lo va a hacer y va a vivir en él o en ella.

Al buscar una mayor medida de Dios en nosotros, debemos recordar que Jesús ya está aquí, viviendo *en* nosotros. «Cristo en ustedes, la esperanza de gloria» (Colosenses 1:27). No le estamos pidiendo a un Jesús distante y remoto que deje de hacer lo que está haciendo y viaje a través de las galaxias para cumplir con nuestro pedido. Él ya está aquí; los recursos que buscamos ya están implantados en la intimidad de nuestras vidas, lo que facilita que él se manifieste en una medida mayor dentro de nosotros.

Por último, cuando optamos por creer, el proceso ya se ha echado a andar. No sigas chequeando tu experiencia para verificar si Dios está cooperando. La persona que sigue comprobando si su corazón está latiendo pronto se volverá paranoico sintiendo que su corazón brinca, sopla o se detiene por completo. Tu corazón late; no necesitas verificarlo a cada instante. La actitud que debes asumir es una que diga: *Gracias, Jesús, porque me estás dando más y más de ti.* A Dios le gusta que reaccionemos así. Le encanta que confiemos en él. Esta actitud de fe también abre tu alma para que suceda.

¡INTÉNTALO!

Al principio es probable que te parezca extraño hallarte «creyendo» en una serie de prácticas conmovedoras. Ahora que hemos hecho un recorrido por el tema, espero que esa práctica tenga sentido para ti porque eso es, exactamente, lo que hacemos para encontrar más a Dios: *practicar* la creencia. Ejercitarla.

Comenzamos transfiriendo la facultad de creer desde nuestros sentimientos hasta nuestra voluntad. Elegimos creer. Esto lleva un tiempo para acostumbrarse, pero lo logramos empleando un poco de desapego benevolente de nuestra propia montaña rusa emocional. Ni disociación ni negación, sino la opción de creer a pesar de nuestros sentimientos en el momento. Esto es algo muy saludable porque nuestra cultura terapéutica nos ha hecho casi demasiado conscientes de nuestros sentimientos.

Mis lectores cristianos de más edad posiblemente recuerden un pequeño tratado popular en los años setenta que representaba un tren con tres vagones: motor, vagón de carbón, furgón de cola. El motor estaba etiquetado como *Fact* (hechos), el auto de conexión como *Faith* (fe) y el furgón de cola como *Feeling* (sentimientos). A algunas personas no les gustó aquella connotación porque les pareció muy simplista, pero ayudó a muchos a orientar una vida más estable en Dios, incluido yo mismo. Los sentimientos son maravillosos; siempre estamos buscando experiencias tangibles de Dios. Pero debemos unir nuestra creencia a los hechos y no dejar que los sentimientos asuman la preponderancia. Cuando se presenta una nueva interrupción en nuestra experiencia: una factura inesperada, una reunión que podría afectar nuestro empleo, el descubrimiento de que nuestro hijo o nuestra hija han estado comportándose en una forma poco saludable, es en esos momentos que los sentimientos están listos para accionar el interruptor de fe: «Dios no está en esto». Y decimos: «Creo. Eres bueno. Tú estás aquí».

No pretendo que esto sea fácil. Tu enemigo es una fuerza poderosa que detesta que ames a Dios y que confíes en él. Así que, por supuesto, tu fe ha sido objeto de ataque a lo largo de tu vida. Razón más que suficiente para protegerla como si tu vida dependiera de ello.

Todas las prácticas que hemos explorado en este libro son diseñadas para ayudar. La pausa de un minuto, porque te saca del tráfago loco de la vida y te permite estar presente a solas con Dios. Puedes usarla para repetir: «Te amo, Dios». «Te creo». La belleza nos habla de la bondad y la generosidad de Dios. La memoria nos recuerda que Dios ha sido fiel y lo seguirá siendo. Los antiguos santos cantaron «Grande es tu fidelidad» tanto porque es verdad como porque necesitaban *declararlo* como lo que es: una gran verdad.

La desconexión ayuda porque la guerra contra nuestra atención es ese bombardeo diario a través de los medios masivos de comunicación, el constante aluvión que nos inunda de «cosas»: Facebook, Twitter, Instagram, Google, Yahoo y YouTube; además de las noticias y los textos que no dejan de llegar a tu buzón, están los correos electrónicos y las notas que recibes en el trabajo. Todo eso libra una guerra contra nuestras almas, y una de las víctimas inmediatas es la fe. Olvidamos quiénes somos, olvidamos quién es Dios, olvidamos lo que él nos ha dicho, olvidamos que vivimos en un mundo en guerra. Casi nunca las noticias informan las cosas maravillosas que Dios está haciendo en el mundo. Al mal le encanta hacer que parezca que está ganando, y puede conseguir su objetivo si pasas demasiado tiempo conectado. Salir de todo eso para enfocarnos en Jesús y fijar nuestros ojos en él es salud para la fe.

¿Quieres tener una proclamación diaria de tu fe? Piensa en uno de los credos. Un credo es parte de la «oración diaria» que yo oro (y que encontrarás en la parte posterior de este libro). Si estás familiarizado con un modelo de adoración litúrgica podrás reconocer la sabiduría de la iglesia para poner el Credo de los Apóstoles en el servicio semanal:

Creo en Dios Padre Todopoderoso
Creador del cielo y de la tierra,
y en Jesucristo, su único Hijo, nuestro Señor,
quien fue concebido por el Espíritu Santo,
nacido de la Virgen María,
sufrió bajo Poncio Pilato,
fue crucificado, muerto y sepultado;

y descendió a los infiernos;
al tercer día resucitó de entre los muertos;
ascendió al cielo y está sentado a la diestra de Dios Padre
      Todopoderoso;
de allí vendrá a juzgar a los vivos y a los muertos.
Creo en el Espíritu Santo
la santa iglesia universal,
la comunión de los santos,
el perdón de pecados
la resurrección del cuerpo
y en la vida eterna.

Sugiero con firmeza que recites habitualmente lo que crees, expresado en uno de los credos. O puedes escribir tu propia versión. La mía la mantengo en la primera página de mi diario para verla y leerla en voz alta. A veces me digo: *Pero, John, si ya la has leído cien veces,* pero no me hago caso. Sigo recitándola cada vez con más entusiasmo.

Un antiguo santo, al que amaba, se decía a sí mismo todas las mañanas, cuando despertaba: «Dios está aquí». Sencillo pero muy reorientador.

Capítulo trece

LA VIDA OCULTA DE DIOS EN TI

«Necesito entremezclarme con los árboles», me dijo una paciente ayer. «Necesito estar entre ellos otra vez».

Estábamos hablando de cosas que restauran nuestras almas, lo que para ella son los árboles: las arboledas, los bosques, los huertos. Asentí. Caminar por un bosque es una de mis actividades favoritas: cuando el día es caluroso pero hace frío bajo ese dosel vegetal, cuando la luz se filtra a través de las hojas en formas caprichosas, cambiando los colores como la luz de una catedral que entra a través de los vitrales. Me encanta caminar poco a poco, en silencio, cuando el suelo cubierto de musgo está húmedo y pisas sin el más mínimo susurro. A la vida silvestre parece no importarle tu presencia; es posible que veas un zorro, una marta de pino o el flanco de un ciervo deslizándose por entre los altos helechos. Pareciera que todo el bosque es una entidad viviente que respira.

Y lo es.

Por siglos, los cuentos de hadas y las leyendas hablaron de bosques con poderes míticos. Muchos pueblos indígenas han tenido a ciertos bosques como sagrados. Hoy los encontramos encantadores pero sin mucho valor científico. Y de pronto nos encontramos con un libro tan erudito como mágico, escrito por el guardabosques alemán Peter Wohlleben: *La vida secreta de los árboles*. Un día, Wohlleben se topa con un viejo tronco de árbol que, a primera vista, le pareció un montón de piedras cubiertas de musgo. Al mirarlo más detenidamente, descubrió que el tronco todavía producía clorofila, algo completamente imposible a menos que los árboles a su alrededor lo mantuvieran vivo trasmitiéndole su propia vida. Eso condujo al silvicultor a una serie de descubrimientos deslumbrantes sobre la vida interconectada de los árboles del bosque.[1]

Si un árbol se enferma, los otros le envían nutrición elemental a través de la interconexión del sistema de raíces y la «red» de hongos en el suelo del bosque, apoyándolo hasta que se recupera.[2] De esa manera, los árboles se comunican entre sí. Si un invasor extraño como un escarabajo ataca a un árbol, este árbol enviará señales a través de la conexión oculta en el humus, advirtiendo a los demás de la presencia de un enemigo; el bosque responde produciendo defensas inmunes, que envía a través de sus troncos y sus hojas.[3] Caminando por un bosque, los árboles parecen ser individuos, y lo son. Pero hay una vida compartida invisible que se oculta a la vista, una conexión entre la vida y el ser, conexión que encuentro hermosa y extraordinaria.

Esto está muy cerca de la interconexión con la que Dios nos dotó a cada uno de nosotros como individuos para estar comunicados con él. No creo que nuestras expresiones habituales de fe dejen esto claro; más bien pueden evitar que la busquemos.

LAS PALABRAS SE QUEDAN CORTAS

Estamos buscando una gracia *sustentadora*, un poder, una presencia, una fuerza vital, la experiencia diaria de más de Dios en más de nosotros. Lo estamos haciendo en gran medida a través de la sanidad y la restauración de nuestras propias almas, estos hermosos vasos asediados que él anhela llenar.

> ¡El Dios y Padre de Jesucristo nunca podría estar satisfecho con menos que entregarse a los suyos! Toda la historia [de la humanidad] es una agonía divina para dar vida divina a sus criaturas. [...] Más y más de ella es para cada uno que la reciba. [...] Todo el crecimiento del cristiano es más y más vida que recibe.[4]

Las prácticas que les he presentado aquí son medios para ese fin —para ambos, en realidad—, sanar al vaso para que podamos recibir activamente todo lo que Dios está derramando.

Ahora, al acontecimiento principal.

Algunos lectores recordarán que Jesús usó las imágenes de una vid y sus ramas para describir la naturaleza de la conexión que nos ofrece. La rama está unida con la vid, lo que permite que la vid proporcione vida en todas sus formas a la rama: sustento, fuerza, inmunidad, resistencia. El resultado para la rama es producir fruto floreciente, vida abundante. Me temo que nuestra familiaridad con el pasaje, o al menos la frase «Yo soy la vid», ha atenuado la oferta milagrosa: si lo deseas, tu vida puede convertirse en una existencia compartida con el Hijo de Dios, a través de quien fueron creadas todas las cosas y que es, además, quien sustenta este mundo glorioso.

Siendo el brillante maestro que es, Jesús añadió a esta metáfora una segunda, una que aumenta la apuesta inicial y lleva su sinceridad con lo que debía ser una comparación sorprendente:

> Ruego también por los que han de creer en mí por el mensaje de ellos, para que todos sean uno. Padre, *así como tú estás en mí y yo en ti*, permite que ellos también estén en nosotros, para que el mundo crea que tú me has enviado. Yo les he dado la gloria que me diste, *para que sean uno, así como nosotros somos uno*: yo en ellos y tú en mí. (Juan 17:20-23, énfasis añadido)

Para ser claros, Jesús oró para que experimentemos el mismo tipo de vida unida y ser, en unidad con él, lo que experimentó él con su Padre. Reforzó la seriedad de este deseo suyo al pedirles a sus discípulos que mantuvieran viva esta oración para que su sorprendente fuerza estuviera siempre con nosotros, en blanco y negro.

Con el tiempo, esa oferta extraordinaria se hizo más confusa por las nuevas formas de lenguaje que fuimos adoptando para explicar la fe cristiana. El lenguaje tiende a definir, y a veces limitar, las expectativas. Hoy por hoy, la forma común de describir la esencia de la experiencia cristiana en la mayoría de los círculos pareciera ser «tener fe en Cristo». Es bueno tener fe, pero la frase tiene connotaciones y matices. Se puede tener fe sin tener mucha experiencia personal; alguien se puede aferrar a cierta fe religiosa y no conocer a Dios en una forma personal. (A lo largo de mi vida, he conocido a muchas de estas almas queridas). Tengo fe en mi cirujano, pero no lo conozco más allá de su habilidad con el bisturí. No compartimos nada de nuestras vidas. Le estoy muy agradecido por lo que ha hecho por mí, pero él y yo no somos amigos.

Los maestros cristianos tratan de obviar este problema usando una frase que ha llegado a ser un recurso tipo comodín y que dice: «El cristianismo no es una religión, es una relación». Está bastante más cerca de la verdad, pero unión, unidad, integración es algo completamente distinto.

A medida que avanzamos en el libro, he venido repitiendo que tu alma es el vaso que Dios llena. Un vaso es un receptáculo: está vacío en sí mismo, pero se puede llenar y fue hecho para llenarlo. El agua *habita* en la fuente, metáfora que está mucho más cercana a la idea que venimos tratando en este capítulo. Pero el bosque podría ser una imagen aún mejor; tu ser es poroso como la madera, no sólido como el mármol. Tu ser ha sido hecho para estar saturado del ser de Dios. Puedes tener fe en Dios desde la distancia; puedes tener una «relación» con Cristo, pero no una «intimidad» con él. Incluso puede darse el caso que encuentres una intimidad con Cristo, o con su Padre, o con el Espíritu Santo, sin estar habitado, entretejido, saturado con él.

Haz conmigo este ejercicio. Une las palmas de tus manos fuertemente una contra la otra. Los dedos extendidos, también unos contra otros. Digamos que la palma de tu mano izquierda representa a Dios y la palma de tu mano derecha te representa a ti. Esta figura es una expresión de intimidad genuina. Tú y Dios están cerca. Ahora, mientras tus palmas permanecen presionadas una contra la otra, dobla tus dedos hacia abajo, para que se entrelacen. Esta es una expresión de unión más profunda, en que tu ser y el de Dios se entrelazan. Este entrelazado es lo que hacen las raíces ocultas del bosque. Algunos de mis lectores quizás se sorprendan al leer esto, pero es que en nuestra relación con Dios, estamos buscando mucho más de lo que teníamos. Buscamos intimidad. Estamos tras la unidad, donde nuestro ser y el ser de Dios se entrelazan. La sustancia de nuestra vida —nuestra personalidad, nuestro corazón, nuestra condición física, toda nuestra experiencia— se llena con el tiempo hasta la saturación de la vida de Dios.

LA EXPERIENCIA CRISTIANA COMÚN

La progresión típica de la vida cristiana presentada en la mayoría de los entornos de la iglesia —estudios bíblicos, libros cristianos y conferencias— se desarrolla más o menos así: fe, obediencia, servicio. Comenzamos con un encuentro con Cristo, quizás en nuestra infancia: fuimos al campamento de verano, escuchamos un mensaje de salvación, asistimos a ver una película de Billy Graham. Empezamos con una fe simple, un comienzo. Por lo general, es una temporada muy emocionante, ya sea que tengas ocho, dieciocho u ochenta y ocho años.

Con el tiempo, si estamos madurando, la fe simple irá más allá de Jesús solo como Salvador para incluirlo como Señor. Nos movemos hacia una vida de obediencia a este Dios que nos ha salvado. Comenzamos a limpiar nuestro actuar; algunas de nuestras actividades recreativas y opciones de medios cambian. Queremos conocer y seguir la voluntad de Dios para nuestra vida. Esto es bueno; un ser humano no puede convertirse en lo que los seres humanos deberían ser sin esta vida de obediencia.

Luego viene la etapa de la participación: «¡Ven y sé parte de esto!». O podríamos ser reclutados o haber escuchado un mensaje inspirador que nos invitara a servir. Ven y enseña, construye orfanatos, comparte tu fe. Pasamos de ser receptores en el ambiente eclesial a ser colaboradores. La meta en este modelo popular de formación cristiana es llegar a tener servidores fieles. Creemos en Cristo, obedecemos a Cristo y servimos a Cristo de alguna manera. Me atrevería a decir que a los más queridos y hermosos seguidores de Jesús no se les ha dicho que hay algo más allá de esto.

Hay siervos fieles que no disfrutan de una experiencia normal de profunda intimidad con Dios. (Puedo hablar con franqueza sobre esto porque he aconsejado a muchos de ellos a lo largo de los años). Rara vez, si alguna, lo han escuchado hablarles a ellos personalmente. No se benefician de la restauración de sus almas; la sanidad interior no es parte de su experiencia. Son siervos fieles, pero están prácticamente atrapados allí.

Literalmente, la buena noticia es ¡que hay mucho más!

Después de haber probado la etapa del siervo fiel por un tiempo, nuestro corazón clama por algo más. En algún momento nuestra alma dice: *Me salgo de esto* y abandonamos el programa o buscamos una experiencia más profunda. Descubrimos que Jesús se preocupa por nuestra humanidad; nuestro corazón le interesa. Descubrimos que hay sanidad de traumas y heridas. Hay un despertar del corazón. A medida que nuestro corazón y nuestra alma son sanados (¡y espero que estén siendo sanados a través de este libro!), encontramos más de nosotros *disponible* para una intimidad genuina con Dios. Nos acercamos más y más; es el anhelo y la inclinación del alma que ama a Dios. Con el tiempo descubrimos que nos estamos convirtiendo en amigos de Dios. Es una vida mucho mejor, mucho más de lo que describen los evangelios.

Y aún hay más.

Tanto el Antiguo como el Nuevo Testamento, junto con el testimonio de los santos a lo largo de los siglos, hablan de la unión con Dios como el objetivo de nuestra existencia. En la introducción del clásico medieval de Alberto Magno, *On Union with God* [Sobre la unión con Dios], el editor comienza diciendo: «Sin duda, la necesidad más arraigada del alma humana, su aspiración más pura, es la unión más cercana posible con Dios».[5] Mi alma responde: *¡Sí! ¡Eso es! ¡La unión más cercana posible con Dios!*

Sin embargo, cuando observo los libros, pódcast, sermones y conferencias que se ofrecen a la comunidad de fieles, no deja de sorprenderme las pocas veces que me encuentro con el tema de la unión con Dios.

Mucho de este material está enfocado en cosas para hacer: «Cómo ayudar a sus hijos a crecer en la fe» o «Haga esto para que su comunidad comparta el amor de Cristo» o «Intervenga para llevar la justicia al mundo». O el mensaje se centra en la inspiración: «¡Sé un mejor tú! ¡Vive una vida más aguerrida! ¡Tú también puedes vencer!». Por supuesto que hay lugar para estas cosas. Absolutamente. Pero creo que son engañosas, porque primero se necesita algo más. Nuestra energía, vitalidad, fuerza y resistencia, todas las virtudes como la paciencia, la bondad amorosa y el perdón, todo esto fluye de nuestra unión con Dios. Cuando el alma intenta producir cualquiera de estas cosas por propia cuenta, se cansa muy rápidamente.

El gran peligro para las personas sinceras es bastante sorprendente: «Sé una buena mujer; sé un buen hombre». Esto es peligroso, no porque parezca el camino correcto, sino porque todavía estamos viviendo por nuestras propias fuerzas. «Separados de mí», advirtió Jesús a sus amigos más cercanos, «no pueden ustedes hacer nada»

(Juan 15:5). Lo dijo mientras explicaba la relación entre la rama y la vid. Somos flores cortadas, querido lector. Necesitamos más que un florero; necesitamos estar injertados a la vid. Y así, lo que anhelamos ser, por lo cual oramos, debería constituir una parte central de nuestro lenguaje, lo principal entre todo lo que buscamos.

HACIA LA UNIÓN

Una bella escritora y maestra que tiene todo mi respeto le dijo a un grupo de sus discípulos: «Dios nunca da a nadie más de lo que puede manejar». Con todo el debido respeto, debo decir que aunque la idea de que Dios da es un pensamiento encantador y reconfortante, simplemente no es verdad eso de que Dios no dé más de lo que podemos soportar. Dios quiere que sus hijos e hijas aprendan a vivir una vida sobrenatural, extraída de recursos sobrenaturales. ¿Cómo nos enseñará a hacer eso? Poniéndonos en circunstancias que estén mucho más allá de nuestras capacidades naturales. Queridos amigos, él los pondrá en circunstancias que se parecen mucho a su vida en este momento.

Llegamos a un punto en nuestra experiencia en el que nada más que la unión con Dios hará posible tener una vida sobrenatural. Por el bien de nuestra propia humanidad, por nuestras muchas y complejas relaciones, por las crisis que nos golpean cuando menos las esperábamos, por nuestra necesidad de claridad y discernimiento, por la sanidad de nuestros traumas, sin mencionar la alegría y la felicidad, está el poder vivir en ese maravilloso estado de despreocupación. Las prácticas indicadas en este libro están destinadas, en última instancia, a ayudarte a cultivar la *unión* con Dios; es decir, una vida entretejida con la suya.

El desapego benevolente es esencial. A medida que vamos aprendiendo a «entrégame a todos y todo a mí», practicándolo cada día, se irá abriendo un espacio en nuestras almas para que Dios lo llene. De lo contrario, seguiremos abrumados por cosas como estas: el cuidado de nuestros padres que sufren, la crisis en la escuela la semana pasada, ese intento de sociedad que fracasó, nuestra salud. Jesús subió la apuesta en esta práctica para mí un día cuando, en un momento de oración, agregó la frase: *Dámelos como si ya lo hubieras hecho. A todos y todo.* Como si yo fuera a dejar mi empresa mañana mismo; o como si estuviera renunciando a esa amistad tan preciosa; o como si ya no tuviera que ocuparme de mis padres. Todo. Esa pequeña adición conmocionó mi alma al darme cuenta de que Dios *toma estas cosas en serio.*

A medida que maduramos, Dios nos pide que nos liberemos de *todo.* Este no es otro conjunto de pérdidas; esto es un alivio total. Por último, todo nuestro ser puede ser uno con Dios. A partir de ahí podemos ordenar todo lo demás.

Rendir la vida del yo tampoco es fácil. Los seguidores incondicionales de Cristo pueden aferrarse a grandes extensiones de su propio reino interior. Eso parece como que «Jesús y...». Jesús y mis pasiones políticas. Jesús y este trabajo soñado que estoy a punto de alcanzar. Jesús y casarme y formar una familia. La vida del yo es muy sigilosa. No se trata simplemente de tus problemas de ira o ansiedad, sino de lo que está detrás de esas cosas y cómo manejarlas. En mi caso personal, todas las mañanas debo rendir la vida del yo una y otra vez durante el día. Nada queda en mi poder.

SANA TU UNIÓN CON DIOS

Escribí antes sobre nuestro viaje al río Snake y los cientos de abetos gigantes que habían sido arrancados por una severa avalancha de primavera. Los huracanes también hacen eso. El año pasado tuvimos algunos vendavales que derribaron muchos árboles maduros en nuestro vecindario, varios de ellos con cientos de años de antigüedad. Me entristece ver en el suelo un árbol aún con vida; en tales casos, no hay nada que se pueda hacer. Rota su conexión oculta con sus congéneres del bosque, pronto morirá.

Los seres humanos somos como árboles caídos, esparcidos por aquí y por allá, víctimas de los huracanes de este mundo. Desarraigados. Este mundo golpea el alma de muchas maneras, sin mencionar al reino de las tinieblas y sus poderes malignos. El objetivo principal del enemigo es evitar la unión con Dios. Su marioneta, el mundo, atenta contra esta unión simplemente manteniéndonos distraídos y exhaustos, corriendo de manera alocada hasta quedar sin combustible. Por sobre eso, están los asaltos, el trauma, la decepción crónica, las conmociones y las pérdidas: estas cosas atentan contra nuestra unión con una fuerza terrible para separarnos de Dios atacando las raíces. Sentimos los efectos, pero es posible que no seamos conscientes de lo que está sucediendo.

Por lo tanto, no es suficiente con hablar sobre cuán maravillosa puede ser la unión, sino que debemos hacer que sea una prioridad. Si no hacemos esto, todo puede seguir siendo nada más que teoría. Para hacerlo una prioridad, necesitamos analizar lo que ha dañado —o está dañando— nuestra unión con Dios.

Soy consciente de que esto que estoy planteando es algo bastante complicado, por lo que quiero proceder con ternura. Déjame preguntarte: ¿sabes qué ha dañado la unión de tu alma con Dios?

Si no tenemos cuidado, el sufrimiento —en cualquiera de sus modalidades— erosionará lentamente esa unión. Al igual que la angustia crónica. Satanás usará tu sufrimiento, o el de tus seres queridos, para interponer la desconfianza entre el Dios que amas y tú. «¿*Viste?*», susurra, «*estás sola. A Dios no le importas; no ha hecho nada por ayudarte*». El sufrimiento o la angustia son suficientes para hacernos retroceder, como lo hace una anémona de mar cuando la tocas. Esas palabras insidiosas envenenan la relación y nuestra unión se marchita. Todavía podemos aferrarnos a la fe, pero, como hemos visto, la fe no es lo mismo que la unión saturada. ¿Tu sufrimiento te ha hecho alejarte? Si lo denunciamos, podremos volver a Dios; sensibilizarnos nuevamente y pedirle que sane nuestros corazones, que restaure nuestra unión.

Una de las noches que pasamos en la selva africana, aproximadamente a las dos de la madrugada, me despertó un ruido terrible. Un joven elefante embravecido estaba arrancando árboles y despojándolos de sus ramas. Era una vista horrorosa, particularmente a la luz de una linterna y a una distancia de unos cincuenta metros. Era tanto el ruido que me costó volver a quedarme dormido. Ese tipo de violencia es lo que el trauma hace a nuestras almas. El sufrimiento solo puede debilitar nuestra unión, pero el trauma lo dañará. Te lo garantizo porque el trauma daña el vaso de tu alma. Se forma una brecha, un desgarro y, por supuesto, el enemigo está ahí para inyectar veneno en esas brechas, sentimientos de haber sido abandonado o incluso traicionado por Dios. Debemos ser agresivos en cuanto a restaurar nuestra unión.

Después de haber pasado una experiencia que me resultó bastante traumática, para mí fue de primera importancia pedirle a Dios periódicamente que sanara mi unión con él. Consciente de que tengo un papel que desempeñar (la puerta se abre desde el interior), oraré más o menos de esta manera:

Padre, Jesús, Espíritu Santo. Necesito que sanes nuestra unión. Sana nuestra unión, Dios. Me entrego a ti, para ser uno contigo en todo. Oro por la unión y oro por la unidad. Te presento todo mi ser para que sea una sola vida contigo. Te pido que tu amor sanador y tu presencia se hagan presentes en las cosas que han dañado nuestra unión. [Si puedes, sé específico: la pérdida de mi hija; la traición en el trabajo; mi dolor de espalda crónico]. Invito a tu Espíritu a que se haga presente en los lugares donde nuestra unión ha sido agredida. Ven y sáname precisamente ahí. Limpia estos lugares con tu sangre, querido Jesús. Deja que tu sangre lave todas las heridas, que lave el mal, limpie cada forma de trauma en mí. Trae tu amor aquí. Invito a la luz de tu presencia que traiga sanidad aquí. Oro para que tu gloria sane nuestra unión. Que la gloria de Dios venga al daño y restaure nuestra unión. Oro para volver a ser un corazón y una mente, una vida, una unión completa. [Esperaré un momento para ver si el Espíritu Santo quiere mostrarme algo específico por lo que necesito orar]. Sana nuestra unión, Dios; restaura y renueva nuestra unión. Oro por una unión más profunda contigo, una unidad más profunda y completa. Restaura nuestra unión, en el nombre de Jesús. Amén.

(Al sugerir esta oración no quiero decir que nuestras almas se vayan a librar del trauma con un simple paso. He visto a Dios hacer esto más de una vez, pero debemos ser cuidadosos y aceptar que es posible que necesitemos ver a un consejero espiritual o buscar algún ministerio de oración por sanidad. La oración que he sugerido es el comienzo de un proceso. Sin duda que ayudará a contrarrestar el desgaste que experimenta nuestra unión con Dios en el día a día. En casos de daño más severo, se necesitará más ayuda).

Recuerda, Dios tiene su ritmo para trabajar. Por lo general, él no responde al trauma con una acción contundente, sino que sana con dulzura. Habrá ocasiones en que su respuesta pueda parecer dramática, pero podríamos decir que no es más que en el cinco por ciento de los casos. La mayoría de las veces, la unión de nuestras almas con Dios es algo muy apacible y vivificador. Por lo tanto, debemos ser pacientes y permanecer sintonizados para ser conscientes de ello. Cultivar la pausa de un minuto y las otras prácticas incluidas en este libro ciertamente permitirán estar en el lugar preciso donde la unión se profundiza.

Así, nos convertiremos en esos árboles felices descritos en el salmo 1, cuyas raíces se profundizan en el suelo para alimentarse del agua viva, cuyas hojas nunca se marchitan y su vida está floreciendo con abundancia temporada tras temporada.

¡INTÉNTALO!

Bien. Ahora lo que quiero sugerirte es lo siguiente: las cosas básicas que practicamos, las que están en la parte superior de nuestra lista de tareas pendientes, deberían ser cosas que te ayuden a encontrar la unión con Dios. El primer paso es que entiendas que Dios *quiere* la unión contigo, que la unión fue el propósito por el cual fuiste creado y, por lo tanto, es la prioridad. Este es un buen punto de partida; es una reorientación enorme.

El segundo paso es presentarte a Dios buscando la unión. Esto es lo que hago todos los días: «Me presento a ti, Dios, para unirme contigo». Oramos por la unión; la pedimos. Yo la pido durante la pausa de un minuto. Tú también deberías hacerlo.

El tercer paso (y esto no es ciencia, mi amigo, es poesía; estos «pasos» son simplemente para mayor claridad) es que avances hacia una mayor liberación de todo lo que ocupa espacio en tu alma. Así es como amarás al Señor tu Dios con todo tu corazón, alma, mente y fuerza. «Te doy todo y a todos *para la unión contigo*».

A medida que avances dentro y fuera de las diversas presiones y crisis de la vida, pídele a Dios que sane tu unión con él. La oración anterior te ayudará.

Capítulo catorce

LAS COSAS SIMPLES DE
TODOS LOS DÍAS

Son las cinco y veinte de la tarde en un día de pleno invierno. El sol casi se ha puesto y, hasta ahora, me doy cuenta de que hoy ni una sola vez he mirado el cielo. No sé si ha estado nublado o soleado. No sé si los gansos canadienses han estado volando sobre mi cabeza en su plan migratorio anual o si hubo un hermoso amanecer. Vivimos cada momento de nuestras vidas bajo este hermoso dosel azul, la cúpula de una gran catedral y cuán poco la disfrutamos. Mi alma ha estado «enguantada» hoy, encerrada en el mundo artificial.

De hecho, la única razón por la que salí al aire libre hoy fue por la lesión que sufrió uno de nuestros caballos (algo que mencioné en el capítulo ocho). Es nuestro bayo que, sin nosotros habernos dado cuenta, amaneció una mañana con una lesión bastante seria en su cadera izquierda. No sabemos cómo sucedió; a veces, las cosas ocurren acá más allá de lo que entendemos. Pudo haber pisado un agujero o haberse asustado por algo y al saltar de costado, haberse dañado la pata. Tal vez olió la presencia de un león. Así ocurre con las personas: en una carrera sencilla o una simple caminata pueden dañarse seriamente una rodilla. Ahora tengo que ir todos los días al lugar donde estabulamos a nuestros caballos durante el invierno a darle ejercicios suaves para que se vaya atreviendo a usar de nuevo sus músculos y evitar que termine cojeando permanentemente. Que un caballo no pueda usar sus cuatro patas es una tragedia. El veterinario no dejó de mencionar que quizás tendríamos que «ponerlo a dormir». Eso hubiera sido desgarrador.

Sí. He venido todos los días. Te lo aseguro. Al principio, era una tarea estresante, llena de inquietud y preocupación. Una cosa más que tenía que hacer en una semana ya repleta. En lo íntimo, me era desagradable.

Sin embargo, a medida que avanzamos en este libro, hemos explorado el poder curativo de la belleza y de la naturaleza. Nos hemos detenido a considerar la gracia de las pausas en nuestros días, la amabilidad de las transiciones, nuestra necesidad de salir al aire libre. Justo aquí, cuando pensaba que eso de dar atención a nuestro bayo era un motivo más para quejarme por lo recargado de mi agenda, resultó que Dios tenía preparado un elemento redentor. Verme forzado a detener mi día, venir aquí y pasar tiempo con estos caballos, ha sido un *rescate*. La vida cobra impulso como un automóvil en el hielo cuesta abajo, y es muy fácil deslizarse. El ritmo es adictivo; nos da un falso sentido de propósito al tiempo que nos priva de prestar atención a las cosas más profundas. Dios redujo suavemente la velocidad de las cosas para mí.

Así que aquí me tienen, dejando que los caballos pasten. Lo único que hago es sujetarles los cabestros. No estoy siendo productivo. Soy gloriosamente improductivo.

Solo ahora me doy cuenta de que las nubes forman un diseño ondulado hermosísimo sobre la parte sur del cielo; parecen una bufanda de seda blanca translúcida que se mueve suavemente por sobre la bruma azul con la brisa que viene del mar. A lo lejos, una manada de ciervos pasta con ojo vigilante entre los que se destaca un impresionante macho con magníficas astas. Por primera vez me doy cuenta de que el día tiene un aroma, un olor distintivamente invernal, mezcla de hierbas secas y humedad. El aire helado se siente con un matiz metálico, como el aluminio mojado. Mientras camino con los caballos, miro al suelo y veo los ásteres secos de muchas flores a mis pies. Durante la noche estaban cubiertos de hielo y ahora se ven como pequeños copos de cristal. Esta noche me estarán invitando a una comunión que mi corazón necesita con desesperación, pero de lo que solo me di cuenta una vez que salí a la intemperie.

La presencia viva de un caballo a mi lado, sus enormes y cálidos flancos, el clima, la belleza tranquila, me están haciendo despertar y, mientras lo hago, vuelvo a darme cuenta de la presencia de Dios aquí conmigo. Una parte de mí quiere decir: «¿Dónde has estado todo el día?». Pero sé que la verdadera pregunta debería ser: «¿Dónde estuve yo todo el día?».

BARÓMETROS

Hace varios años, un querido amigo, alarmado por la cantidad de presiones bajo las que yo vivía, me preguntó en qué momento me daba cuenta de que estaba sobrecargado. Con cierta displicencia le respondí: «A decir verdad, tengo varios barómetros a mi servicio. Los caballos son uno: tener que preocuparme de ellos: alimentarlos, ejercitarlos, evita que me autodestruya». Lo que dije es en parte cierto. Los caballos *son* un buen barómetro de la locura de nuestras vidas. Si hacemos tiempo para verlos y los encontramos tranquilos, significa que tendremos un ritmo razonablemente calmo en los días siguientes y que podremos tomar buenas decisiones. Todo eso es cierto; el problema es que yo no le hago caso a mi propio consejo. No he ido a verlos en semanas, tal vez un mes. No fui sino hasta que me vi obligado a irlos a ver a diario, como cuando se le arroja una cuerda a alguien que se está ahogando.

La vida en este mundo loco sigue siendo lo que es, girando en un frenesí mayor, por lo que todos necesitamos un remezón discreto a modo de recordatorio (señales, síntomas, barómetros) que nos permita saber si estamos llevando una vida sana, vaciando el vaso para que Dios lo llene y creando oportunidades para que él pueda proceder. Como dije en la introducción, este mundo exige una vida saturada de Dios, y este mundo es la tormenta perfecta para evitar que nuestras almas la tengan. Debemos pastorear nuestro corazón y nuestra alma con gentileza y compasión para que los raudales de la vida fluyan libremente, a través de la fuente de nuestro ser (Proverbios 4:23).

Sé que he vuelto al ritmo alocado cuando me estremezco ante una solicitud de cualquier tipo: el texto de un amigo preguntando por mi tiempo, un correo electrónico buscando un consejo. O cuando Stasi me habla de amigos en crisis. En tales casos, todo en mí quiere alejarse en lugar de ir hacia ellos. O cuando ni siquiera quiero mirar el correo electrónico porque sé que hay demandas esperándome. El estremecimiento, el respingo, la larga vacilación, el suspiro de lamento; el escape, la incapacidad de enfrentarme con la realidad son todos síntomas de que estoy volviendo al modo mal humor.

Nuestra capacidad de relacionarnos es un indicador maravilloso. Hemos sido creados a imagen de un Dios profundamente relacional; y, por lo tanto, somos aptos para eso. ¿Estoy siempre dispuesto para cultivar una relación? Por supuesto, no con todo el mundo todo el tiempo. No me estoy refiriendo a las redes sociales infinitas y con acceso las veinticuatro horas del día. Estoy hablando de las personas que inciden en mi vida: mis seres queridos, mis colegas, mis vecinos que sacan a pasear a sus perros. Si he perdido la capacidad de relacionarme y *disfrutar* la relación, sé que las cosas están profundamente ausentes de mi alma.

El azúcar y la cafeína son siempre signos de advertencia. ¿He pasado de disfrutarlos a necesitarlos, confiando en ellos para transcurrir por el resto de mi día? ¿Qué tal una pausa simple? Aunque escribí el libro, en ciertos días la pausa de un minuto puede ser perturbadora y hasta fastidiosa. ¡Uf! Pero la verdad es que si me molesto en una pausa de sesenta segundos, quiere decir que estoy en el fondo del desagüe.

Pero también hay barómetros positivos, cosas maravillosas; estos son mucho mejores para observar. ¿He visto a mis caballos? ¿Puse atención a lo que Stasi me estaba diciendo esta mañana? ¿Estoy haciendo espacio para la belleza, la naturaleza, el acto de simplemente amar a Dios? Es mejor que observemos las señales y los recordatorios positivos, ya que estos se escapan antes de que comencemos a hundirnos en el lodo. Si he llegado al punto de que no quiero

jugar con mis nietos, no estoy bien. Pero mucho antes de que eso
suceda, puedo decir cómo estoy si estoy descuidando las prácticas
simples que me traen sanación, consuelo, más de Dios. Como mi
paseo nocturno.

Mi caminata diaria es un buen punto de referencia porque es
simple, accesible y me dice si vivo o no de manera realista. No estoy
hablando de horas deambulando por el bosque encantado (aunque
eso me atrae); estoy hablando de una caminata de veinte minutos por
la noche. Qué bueno es ver esto incluido en una lista de *The Daily
Routines of Geniuses* [Las rutinas diarias de los genios], publicado en
Harvard Business Review. El autor comparó los horarios y los estilos
de vida de «ciento sesenta y un pintores, escritores y compositores,
así como filósofos, científicos y otros pensadores excepcionales» y
descubrió que todos compartían algunas cosas en común:

- Un espacio de trabajo con distracciones mínimas.
- Una caminata diaria (muchos escribían por la mañana, se
  detenían para almorzar y pasear, pasaban una o dos horas
  contestando cartas y terminaban el trabajo a las dos o a las
  tres de la tarde).
- Una línea divisoria clara entre trabajo importante y trabajo
  rutinario.
- Vida social limitada.[1]

¡Ya lo sé! Parece poético, como algo de una época pasada. Tal
vez. ¿No puedes salir a caminar? ¿No puedes reducir tu vida social, lo
que en esta cultura significa reducir tu actividad en las redes sociales

y aminorar el ritmo de envío de mensajes de texto? Ambas cosas se pueden llevar a cabo. Me gusta la idea de que puedas hacer de tu casa o departamento un lugar que le resulte reconfortante a tu alma. Necesitas tener tu «espacio» para que sea tu santuario y tu refugio, aunque a tu vecino le encante usar el ruidoso soplador de hojas.

Cuando llegué a casa de regreso de mi viaje por carretera en Montana, era tiempo para darle toda mi atención a este libro. (Estaba un poco retrasado). Pero al entrar a mi oficina, me sorprendió comprobar que la experiencia visual que tenía ante mí era exactamente la misma desde hacía dieciséis años. Las mismas cosas encima del escritorio, la misma vista por la ventana, las mismas obras de arte en las paredes. Todo se sentía rancio. Me había acostumbrado a ese ambiente pero necesitaba frescura. Y para tener frescura necesitaba limpiar aquel desorden acumulado. Necesitaba un espacio que correspondiera a las cosas sobre las que escribo, un espacio en el que mi alma se sintiera bien. Así que pasé unos días rehaciendo mi oficina: moví muebles, devolví a las estanterías los muchos volúmenes que habían terminado apilados en el suelo, arrastré al garaje varios equipos que estarían mejor almacenados allí. Lo que en realidad hice fue simplificar. Convertí mi oficina en un espacio que me pareció apto para caminar.

Leer por placer también se ha convertido en una buena señal para mí. La había abandonado por completo. Ahora sabemos que Internet está jugando con nuestros cerebros, por lo que es casi imposible prestar atención a cualquier cosa más allá de un revoloteo y un parpadeo. Cuando leí la experiencia de Nicholas Carr, me estremecí al ver la mía:

Comencé a notar que la red estaba ejerciendo una influencia mucho más fuerte y amplia sobre mí que lo que había hecho mi vieja computadora. No era solo que pasaba demasiado tiempo mirando la pantalla; no era solo que muchos de mis hábitos y rutinas estaban cambiando a medida que me acostumbraba y dependía de los sitios y servicios de la red. Lo que noté fue que la forma en que funcionaba mi cerebro parecía estar cambiando. Fue entonces cuando comencé a preocuparme por mi incapacidad para prestar atención a algo durante más de un par de minutos. Al principio pensé que el problema era un síntoma de decadencia mental de mediana edad. Pero mi cerebro no solo estaba a la deriva, sino que además tenía hambre; exigía ser alimentado de la misma manera que la red lo alimentaba, y cuanto más se alimentaba, más hambre tenía. Incluso cuando me encontraba lejos de mi computadora, anhelaba revisar el correo electrónico, hacer clic en los enlaces y buscar en Google. Quería estar *conectado*. Sentí que Internet me estaba convirtiendo en algo así como una máquina de procesamiento de datos de alta velocidad. [...]

Y extrañé mi viejo cerebro.[2]

Cuando leí eso, pensé: *Echo de menos mi alma*. El mundo está cambiando nuestros hábitos y rutinas. Necesitamos volver atrás. Disfrutar de la lectura de un libro u hojear una revista se ha convertido en un acto de defensa personal. Como el tiempo para disfrutar después de la cena. Varias veces a la semana. Con sinceridad, la capacidad de disfrutar *cualquier* cosa es una buena señal para considerar.

A lo anterior, agregaría «la capacidad de esperar y soñar». ¿Estás pensando en tu futuro? ¿Con qué sueñas estos días? ¿O estás acurrucado, apoyado contra el mundo, solo sobreviviendo? Deja que esa prueba sea una señal para ti.

Tal vez no necesites más que un poco de tiempo sin preocupaciones en un camino solitario, observando por el espejo retrovisor cómo se va quedando atrás el frenesí de tu mundo. Que el pensamiento de que no podrías salir por un poco de tiempo no te desanime. En Estados Unidos hay casi cinco millones de kilómetros de caminos rurales y más de un tercio siguen siendo de grava o de tierra.[3] Helen Macdonald pudo encontrar algo de campo a poca distancia de Oxbridge. Cuando vivía en DC, los caminos rurales de Maryland me eran de un gran consuelo. Para mí, la madrugada y luego el atardecer son los mejores momentos para observar la belleza de la luz proyectándose en el campo y las largas curvas del camino.

Deambular te permite practicar algo que Dallas Willard sintió que era esencial en este mundo: «Debes eliminar la prisa de tu vida sin piedad».[4] Ver un águila posada en un árbol, escuchar el llamado de la alondra (maneja con las ventanas abiertas cuando te sea posible). Ayer vi un zorro corriendo junto al camino. Reduje la velocidad para observarlo y desapareció en una tubería de riego. Pude escuchar sus pequeñas garras arañando el metal de la tubería y produciendo un eco que surcaba el aire. Hace unas semanas vi un alce cruzando la carretera y desapareciendo en el bosque. Estos son los centavos del cielo de los que habla Annie Dillard:

Regalos sin envolver y sorpresas gratis. El mundo está lleno de centavos arrojados por una mano generosa. [...] Si te inclinas con sigilo a orillas del agua para observar una vibración temblorosa y ser recompensado viendo unas ratas almizcleras nadando desde su guarida, ¿sería para ti solo una monedita de cobre de un centavo y seguirías arrastrando tu tristeza? Es de una pobreza terrible ver a alguien tan desnutrido y cansado que no es capaz de inclinarse para recoger un centavo.[5]

O esos bellos regalos de cien dólares que Dios sigue dejando para nosotros. Recuerda: detente y recibe esos regalos: *Gracias por esta belleza, Padre. La recibo en mi alma. Recibo este regalo y a través de él acojo tu amor, tu bondad, tu vida.*

¿Cuáles serán tus barómetros? Los negativos son obvios: cuando los políticos del otro partido te ponen de mal humor, cuando te disgusta lo que lees en Facebook, cuando te dan ganas de sacar de la carretera a los malos conductores. ¿Y qué tendríamos en el lado positivo? ¿Escuchas música relajante por las noches? Si es así, sabes que cuando no lo has hecho durante varias semanas, las cosas no andan bien.

En nuestro vecindario es posible ver una buena cantidad de paseadores de perros, sobre todo por las mañanas y por las tardes cuando la gente ha vuelto de sus trabajos. Me ha llamado la atención un señor que tiene un perro de tamaño mediano y de figura extraña que no se ajusta a ninguna raza que yo identifique; se parece a una hogaza de pan. Aunque tiene estampa de ser un perro callejero, me gusta su porte; sin embargo, noto que parece que no se adapta bien al ritual de paseo de los perros de raza. Cada vez que los veo, el dueño va adelante, con el brazo y la correa completamente extendidos y su perro detrás de él, caminando de mala gana, como triste, marcando su propio ritmo y sin darle importancia a los planes de su amo. El amo está tratando claramente de hacer un poco de ejercicio (porque es algo que quiere incluir en su vida frenética de por sí). Su perro simplemente quiere disfrutar del mundo. Hoy lo vi acostado de espaldas en la acera, con sus patas al aire en, aparentemente, una protesta juguetona. Se veía feliz en esa posición, mientras el dueño, con la correa totalmente extendida trataba de que su mascota cooperara y adoptara la posición adecuada para seguir caminando. No pude hacer otra cosa que reírme.

Y luego caí en cuenta. Así es mi alma. El dueño del perro me representa a mí y el perro representa a mi alma. Yo trato de que mi alma actúe en una forma con la que ella, simplemente, no quiere cooperar. Pon atención a esto que te voy a decir: si sientes que vas arrastrando tu alma y esta se resiste detrás de ti, es posible que le estés pidiendo que se mueva a la velocidad de la más avanzada tecnología; o que le estés pidiendo que vaya demasiado rápido a través de los innumerables desafíos de su vida. Y sin pausa. Quizás lo que tu alma desee sea acostarse boca arriba con las patas al aire por unos minutos.

¡MÁS DE DIOS!

Dos breves calificaciones, o aclaraciones, para el uso de los barómetros.

Primero, algo te va a pasar. O quizás ya te esté sucediendo, lo que realmente podría lanzarte a una espiral que no te puedas explicar de buenas a primeras. Agustín describió la vida del cristiano como un anhelo santo. En el proceso de madurar, tu corazón irá anhelando más y más del reino, lo que te permitirá ir recibiendo más y más de Dios y *disfrutar* mucho más de la vida que él te está dando. Sin

embargo, si no comprendes lo que está sucediendo dentro de ti, este
factor puede ser muy desorientador porque justo cuando llegues a un
lugar donde te sientas satisfecho, te parecerá que necesitas más. Eso
se debe a que tu alma se está expandiendo, lo cual es algo muy bueno.

Algunos de los viejos hábitos, incluso las viejas comodidades, ya
no funcionan más; tampoco algunas de tus viejas relaciones, ni cier-
tas asociaciones religiosas. Ya no. Esto nos puede llevar a pensar que
algo anda mal con nosotros, cuando lo que en realidad sucede es que
estamos siendo sanados con miras al cielo, hacia el Edén. A medida
que nuestra alma vaya siendo restaurada, encajará cada vez menos
en la locura de este mundo y de esta hora que, lamentablemente,
ha infectado al cristianismo demasiado. Sin juicios, sin necesidad
de hacer un espectáculo. Pero no eres un fracaso moral porque no
encajas; estás siendo sanado. Tiempo de seguir adelante.

La segunda advertencia nos llega a través de la historia del maná
en el Antiguo Testamento. Toda la nación de Israel es rescatada de
Egipto «con actos portentosos y gran despliegue de poder, con señales, prodigios y milagros» (Deuteronomio 26:8).

Al atravesar las aguas divididas del mar Rojo, el pueblo se
encuentra en una caminata indirecta, zigzagueando por el árido
desierto de la península del Sinaí (sin precipitaciones anuales a las
cuales poder hacer referencia). Esa multitud que deambula por el
páramo yermo morirá por falta de alimentos y de agua en cuestión
de semanas, tal vez días. Cuarenta años ni se discute. Entonces Dios
provee a su pueblo con el pan de los ángeles todas las mañanas. No
podían almacenarlo, no podían acumularlo. Tenían que salir cada
mañana y recogerlo. Y siempre estaba ahí, depositado silenciosa y
tiernamente sobre el suelo del desierto.

¿Por qué nos habrá dado Dios esta parábola inolvidable?

Porque no importa en cuánto de Dios finalmente hayamos podido participar, el sorprendente «maná» es lo que necesitaremos de nuevo mañana. Siempre pensé que, por alguna razón, podría llegar a un lugar donde me conectara con Dios de tal manera que ya no tuviera que buscar más; sin embargo, necesitamos dormir de nuevo todas las noches; necesitamos beber agua todos los días; necesitamos respirar de nuevo cada momento. Nuestra vida es una existencia bellamente dependiente, como el árbol y el bosque. No estamos fallando porque necesitamos a Dios de nuevo cada mañana. No somos un desastre espiritual porque necesitamos mucho más de él. Es la naturaleza de las cosas. Solo venimos y pedimos: «Danos hoy nuestro pan cotidiano» (Mateo 6:11).

Al practicar estas cosas, ellas mismas nos traerán más de Dios.

EN CONCLUSIÓN

Un amigo me dijo esta mañana: «Creo que mucha gente está perdiendo poco a poco la guerra contra el desgaste. Yo mismo. Solía ser más divertido y tenía un gran sentido del humor. Ahora me doy cuenta de que simplemente no estoy disfrutando mi vida como solía hacerlo».

Me temo que mi amigo tiene razón. Los efectos fulminantes de nuestra cultura frenética, el estrechamiento de la mente y del alma por la tecnología, sin mencionar la angustia del mundo entregada a diario a los teléfonos inteligentes y el trauma de los que viven bajo diversas crisis a nuestro derredor. No hay tiempo para atender decepciones, pérdidas, penas. Mucho menos para cultivar preciosas esperanzas y sueños. Todo eso ha sido dejado a un lado. Detrás de todo, la gran guerra con el mal está en su apogeo, más encarnizada que nunca. La mayoría de las personas viven en un estado de aburrimiento, guerra de trincheras y en la línea Maginot. La luz se desvanece de sus ojos; se han reducido a vivir momento a momento.

¿Y el enemigo? Feliz de tenerlos ahí. Les ha agotado su calidad de seres humanos y los ha empujado hacia aguas poco profundas para que no puedan prestarle atención a Dios ni recibir sus gracias. Al tenerlos en esa condición hambrienta y demacrada, le es fácil presentarles los dioses falsos que podrían atarlos para siempre.

Queridos amigos, espero que ahora vean claramente que nuestra mayor necesidad, nuestra mayor alegría y nuestro único medio de rescate es tener más de Dios. Querer tener más de él no es una opción entre muchas. Él es la fuente de la que emanan la fuerza y la resistencia que necesitamos para esta hora, la vida que nos permitirá disfrutar de todo lo demás.

Así que, la pregunta simple que debo plantear al llegar al final de este libro es esta: ¿qué harás, diaria y semanalmente, para encontrar a Dios y recibir más de él?

Hay muchas prácticas tradicionales que no mencioné: la oración, el ayuno, los sacramentos. Pero hay buenos libros que tratan sobre esas cosas.[6] También hay prácticas monásticas como el trabajo simple. El verano que perdí a mi querido amigo, construí una valla de troncos. Largas horas de trabajo manual sencillo era exactamente lo que mi alma necesitaba. Dios lo sabía, me lo trajo a tiempo. A ti también te traerá las cosas que necesitas en el momento en que las necesites. Tu alma te avisará cuando no le vaya bien, cuando necesite atención y, a menudo, te dirá lo que necesita. Simplemente, el que hayas comenzado a leer este libro sobre el cuidado del alma y llegado hasta el final, me asegura que lo harás mejor de aquí en adelante.

Así que permíteme dejarte, a modo de despedida... por ahora, un consejo y una bendición. El consejo viene de san Pablo, que con amor y ternura ofreció esto a sus queridos hijos e hijas en la fe:

Pongan en práctica lo que de mí han aprendido, recibido y oído, y lo que han visto en mí, y el Dios de paz estará con ustedes. (Filipenses 4:9)

Me encanta la delicadeza de este aliento. Ponerlo en práctica. No se trata de llevarlo al grado de la perfección ni de hacer algo asombroso. Dios no está en ninguna parte en la que la presión de hacer algo asombroso se manifieste. Él está esperando en los días comunes y corrientes. Solo sigue poniendo en práctica las cosas que sanan tu alma y que te traen más de Jesús. Así, el Dios de paz estará contigo. Ya no estarás sorbiendo a Dios a traguitos. Aprenderás a beber a grandes tragos de la presencia tangible, nutritiva y vivificante del eterno Dios Padre, Dios Hijo y Dios Espíritu Santo, la fuente de las aguas vivas.

Y esta es mi bendición:

Que el Hijo de Dios, que ya está formado en ti, crezca en ti, de modo que por ti llegue a ser inmensurable y se convierta —para ti— en risa y júbilo, la plenitud del gozo que nadie podrá quitarte.

—ISAAC DE STELLA

LA ORACION DIARIA

Querido Señor Jesús, vengo a ti hoy para que me restaures, me renueves y me des tu vida, tu amor, tu gracia y misericordia que estoy necesitando desesperadamente. Te honro como mi Señor y te entrego todos los aspectos y todas las áreas de mi vida: mi espíritu, alma y cuerpo, mi corazón, mente y voluntad. Cubre con tu sangre mi espíritu, alma y cuerpo, mi corazón, mente y voluntad. Que tu Espíritu Santo me restaure en ti, me renueve en ti y dirija este tiempo de oración. En todo lo que ahora oro, estoy totalmente de acuerdo con tu Espíritu y con todos los que oran por mí por el Espíritu de Dios y solo por el Espíritu de Dios.

Querido Dios, santa y victoriosa Trinidad, solo tú eres digno de toda mi adoración, de toda la devoción de mi corazón, de toda mi alabanza, de toda mi confianza y de toda la gloria de mi vida. Te amo, te adoro, me entrego a ti en la búsqueda que con todo mi corazón hago de la vida. Solo tú eres Vida, y tú has llegado a ser mi vida. Renuncio a todos los demás dioses, a todos los ídolos, y te doy a ti, Dios, el lugar que mereces en mi corazón y en mi vida. Todo esto tiene que ver contigo; nada conmigo.

Tú eres el Héroe de esta historia y yo te pertenezco. Te pido perdón por cada uno de mis pecados.

Escudríñame y revélame en qué áreas de mi vida está sobrando. Restáurame y concédeme la gracia de tu liberación mediante un arrepentimiento profundo y verdadero. Padre celestial, gracias por amarme y por haberme elegido desde antes que fundaras el mundo. Eres mi verdadero Padre, mi Creador, Redentor, Sustentador y el verdadero propósito de todas las cosas, incluida mi vida. Te amo, confío en ti, te adoro. Me entrego a ti, Padre, para ser uno contigo como Jesús es uno contigo. Gracias por demostrar tu amor por mí al enviar a Jesús. Lo recibo a él y toda su vida y toda su obra que tú planeaste por mi bien. Gracias por incluirme en Cristo, perdonar mis pecados, concederme su justicia y hacerme completo en él. Gracias por darme vida en Cristo, levantarme con él, sentarme con él a tu diestra, darme un lugar en su autoridad, y ungirme con tu amor y tu Espíritu y tu favor. Lo recibo todo con gratitud y le doy derecho total sobre mi vida: espíritu, alma y cuerpo, corazón, mente y voluntad.

Señor Jesús, gracias por venir a rescatarme con tu propia vida. Te amo, te adoro, confío en ti. Me entrego a ti para ser uno contigo en todas las cosas. Hago mía toda la obra y el triunfo de tu cruz: la muerte, el derramamiento de tu sangre y el sacrificio por mí, a través de los cuales todos mis pecados son perdonados, soy rescatado, liberado del reino de las tinieblas y transferido a tu reino; mi naturaleza pecaminosa es suprimida , mi corazón circuncidado a Dios, y cada reclamo que se haga en contra mía es cancelado y desactivado. Tomo mi lugar en tu cruz y en tu muerte, muero contigo al pecado, a la carne, al mundo, al diablo y a su reino. Tomo la cruz y crucifico mi carne con todo su orgullo, arrogancia, incredulidad e idolatría [y cualquier otra cosa con la que estés contendiendo actualmente]. Me despojo del viejo hombre. Aplícame toda la obra y triunfo en la cruz, muerte, derramamiento de tu sangre y sacrificio; lo recibo con agradecimiento y le doy derecho pleno sobre mi espíritu, alma y cuerpo, corazón, mente y voluntad.

Señor Jesús, te recibo como mi vida, y recibo toda la obra y el triunfo de tu resurrección, mediante los cuales has conquistado el pecado, la muerte, el juicio y al maligno. La muerte no tiene poder sobre ti. He resucitado contigo a una nueva vida, a tu vida, muerto al pecado y vivo para Dios. Tomo mi lugar en tu resurrección y en tu vida, y te doy mi vida para vivir tu vida. Tu vida me ha salvado. Reino en la vida a través de tu vida. Recibo tu esperanza, amor, fe, gozo, tu bondad, verdad, sabiduría, poder y fuerza. Aplícame toda la obra y triunfo de tu resurrección; los recibo con acción de gracias y le doy todo el derecho sobre mi espíritu, alma y cuerpo, mi corazón, mente y voluntad.

Señor Jesús, también te recibo como mi autoridad, gobierno y dominio, mi victoria eterna contra Satanás y su reino, y mi capacidad para traer tu Reino en todo momento y en todos los sentidos. Recibo toda la obra y el triunfo de tu ascensión, a través de lo cual Satanás ha sido juzgado y abatido. A ti te ha sido dada toda autoridad en el cielo y en la tierra, por lo cual eres digno de recibir toda la gloria y honor, poder y dominio, ahora y para siempre. Tomo ahora mi lugar en tu autoridad y en tu trono, mediante lo cual he sido elevado contigo a la diestra del Padre y establecido en tu autoridad. Me entrego a ti para reinar contigo por siempre. Concédeme toda la obra y triunfo de tu autoridad y de tu trono; los recibo con agradecimiento y les entrego

total autoridad sobre mi espíritu, alma y cuerpo, mi corazón, mente
y voluntad.

Ahora traigo la autoridad, gobierno y dominio del Señor
Jesucristo y la obra completa de Cristo sobre mi vida, sobre mi hogar,
mi familia, mi trabajo, sobre todo mi reino y dominio. Traigo la autoridad del Señor Jesucristo y la obra completa de Cristo contra todo
poder maligno que se alce contra mí, contra todo espíritu inmundo,
contra todo poder y dispositivo maligno. [Es posible que tengas que
mencionar por nombre lo que te ha estado atacando. Si tal es el caso,
hazlo]. Los abato en el nombre del Señor; los ato y los expulso de mí
y de mi reino ahora, en el nombre poderoso de Jesucristo. También
aplico la obra completa de Cristo en mi relación con otras personas,
y solo permito que el amor de Dios y solo el Espíritu de Dios actúe
entre nosotros.

Espíritu Santo, gracias por venir. Te amo, te adoro, confío en
ti. Recibo toda la obra y el triunfo de Pentecostés, a través del cual
has venido, me has revestido con poder de lo alto, me has sellado en
Cristo, te has convertido en mi vínculo con el Padre y con el Hijo,
el Espíritu de verdad en mí, la vida de Dios en mí, mi consejero,
consolador, fortaleza y guía. Te honro como Señor, y te doy completamente todos los aspectos y dimensiones de mi espíritu, alma
y cuerpo, mi corazón, mente y voluntad, para ser lleno de ti, para
caminar paso a paso contigo en todas las cosas. Lléname de nuevo,
Espíritu Santo. Restaura mi unión con el Padre y el Hijo. Guíame
a toda verdad, úngeme en mi vida, en mi caminar y en mi llamado.
Y llévame hoy a una relación más profunda con Jesús. Te recibo con
acción de gracias y te doy autoridad total sobre mi vida.

Padre celestial, gracias por concederme toda bendición espiritual en Cristo Jesús. Reclamo las riquezas en Cristo Jesús sobre mi vida hoy. Que la sangre de Cristo cubra una vez más mi espíritu, alma y cuerpo, mi corazón, mente y voluntad. Me cubro con la armadura completa de Dios: el cinturón de la verdad, la coraza de justicia, los zapatos del evangelio, el casco de la salvación; tomo el escudo de la fe y la espada del Espíritu, y decido ser fuerte en el Señor y en la fuerza de su poder, para orar en todo momento en el Espíritu.

Señor Jesús, gracias por tus ángeles. Los evoco en el nombre de Jesucristo y los instruyo para que destruyan todo lo que se levanta contra mí, para que establezcan su Reino sobre mí, para que me protejan día y noche. Te pido que envíes tu Espíritu para elevar la oración y la intercesión en mi favor. Invoco la presencia del reino de Dios en mi hogar, en mi familia, en mi reino y dominio en la autoridad del Señor Jesucristo, dando toda la gloria y honor y gratitud a él. En el nombre de Jesús, amén.

RECONOCIMIENTOS

Tanta gente a quien agradecer...

Luke Eldredge, mi investigador. Dan Allender, quien también proporcionó ideas valiosas. Webb, mi brillante editor que siempre mejora mi trabajo. Todo el equipo de Nelson. Mis amigos guerreros en Yates y Yates.

Y el querido Brian Hampton, a quien está dedicado este libro, no solo por mí, sino por todo el equipo. Lo perdimos durante la creación de este trabajo. Se ha ido antes que nosotros. Por un tiempo.

NOTAS

INTRODUCCIÓN

1. Roger Bohn y James Short, «Measuring Consumer Information», *International Journal of Communication* 6 (2012): pp. 980-1000.

2. Gaurav Patki, Naimesh Solanki y Samina Salim, «Witnessing Traumatic Events Causes Severe Behavioral Impairments in Rats», *International Journal of Neuropsychopharmacology* 17, no. 12 (2014): pp. 2017-29, http://doi.org/10.1017/S1461145714000923; Apoyo a las Víctimas y Servicio de Testigos Infantiles, «Coping with Witnessing a Traumatic Event», Gobierno de Australia Occidental, Departamento del Fiscal General, https://www.courts.justice.wa.gov.au/_files/Coping_with_witnessing_traumatic_event.pdf; Aaron Reuben, «When PTSD Is Contagious», *Atlantic*, 4 diciembre 14, 2015, https://www.theatlantic.com/health/archive/2015/12/ptsd-secondary-trauma/420282/; E. Alison Holman, Dana Rose Garfin y Roxane Cohen Silver, «Media's Role in Broadcasting Acute Stress Following the Boston Marathon Bombings», *Proceedings of the National Academy of Sciences of the United States of America* 111, no. 1 (2014): pp. 93-98, http://doi.org/10.1073/pnas.1316265110.

3. J. R. R., Tolkien, *The Fellowship of the Ring: Being the First Part of The Lord of the Rings* (Nueva York: Ballantine Books, 1954), p. 34.
4. Nicholas Carr, *The Shallows: What the Internet Is Doing to Our Brains* (Nueva York: W. W. Norton & Company, 2011), pp. 5-9 [*Superficiales: ¿qué está haciendo Internet con nuestras mentes?* (Barcelona: Debolsillo, 2018)].
5. Salmos 42:7.
6. C. S. Lewis, *The Problem of Pain*, in *The Complete C. S. Lewis Signature Classics* (Nueva York: HarperCollins, 2007), p. 654 [*El problema del dolor* (Nueva York: Rayo, 2006)].

CAPÍTULO 1: LA PAUSA DE UN MINUTO

1. Stephen E. Ambrose, *Crazy Horse and Custer* (Nueva York: Anchor, 1975), p. 6.
2. Thomas Merton, *The Wisdom of the Desert* (Nueva York: New Directions, 1960), p. 3.

CAPÍTULO 2: DESAPEGO BENEVOLENTE

1. St. Augustine, *Expositions on the Book of Psalms*, en *A Library of Fathers of the Catholic Church* (Londres: F. & J. Rivington, 1857), p. 167.
2. Ann Chanler, «Mindfulness Meets Enmeshment: Disentangling Without Detaching with Embodied Self-Empathy as a Guide», *Spirituality in Clinical Practice* 4, no. 2 (2017): pp. 145-51.

CAPÍTULO 3: BEBE LA BELLEZA

1. Elaine Scarry, *On Beauty and Being Just* (Princeton, NJ: Princeton University Press, 1999), pp. 23-25.
2. Jake Miller, «Better by Design», *Harvard Medicine* (invierno 2019), https://hms.harvard.edu/magazine/assembled-care/better-design.
3. Scarry, *On Beauty and Being Just*, p. 50.
4. *Ibíd.*, p. 69.
5. *Ibíd.*, p. 47.
6. *Ibíd.*, p. 33.
7. *Ibíd.*

CAPÍTULO 4: DESCONÉCTATE, SIMPLEMENTE

1. Elizabeth Hoge, David Bickham, y Joanne Cantor, «Digital
Media, Anxiety, and Depression in Children», *Pediatrics* 140,
supl. 2 (noviembre 2017), https://pediatrics.aappublications.org/
content/140/Supplement_2/S76; Universidad de Pensilvania, «Social
Media Use Increases Depression and Loneliness, Study Finds»,
Science Daily, 8 noviembre 2018, https://www.sciencedaily.com/
releases/2018/11/181108164316.htm; Sarah Fader, «Social Media
Obsession and Anxiety», Asociación Americana para la Ansiedad y la
Depresión, noviembre 2018, https://adaa.org/social-media-obsession.

2. Matthew B. Crawford, *The World Beyond Your Head: On Becoming
an Individual in an Age of Distraction* (Nueva York: Farrar, Straus &
Giroux, 2016), pp. 8-9.

3. Zenith, «Media Consumption Forecasts 2017», Publicis
Media, https:// www.zenithmedia.com/product/
media-consumption-forecasts-2017/.

4. Roger Bohn y James Short, «Measuring Consumer Information»,
International Journal of Communications 6 (2012): pp. 980-1000.

5. Nicholas Carr, *The Shallows: What the Internet Is Doing to Our Brains*
(Nueva York: W. W. Norton & Company, 2011), pp. 5-9 [*Superficiales:
¿qué está haciendo Internet con nuestras mentes?* (Barcelona: Debolsillo,
2018)].

6. *Ibíd.*, pp. 114-43.

7. *Ibíd.*, pp. 220-22.

8. Seth Godin, «Mobile Blindness», blog de Seth, 21 marzo 2018, https://
seths.blog/2018/03/mobile-blindness.

9. Crawford, *World Beyond Your Head*, p. ix.

10. Susan Weinschenk, «Why We're All Addicted to Texts,
Twitter and Google», *Psychology Today*, 11 septiembre 2012,
https://psychologytoday.com/us/blog/brain-wise/201209/
why-were-all-addicted-texts-twitter-and-google.

11. Asurion, «Tech-Tips», https://www.asurion.com/connect/tech-tips.

CAPÍTULO 5: BONDAD CON NOSOTROS MISMOS

1. C. S. Lewis, *God in the Dock: Essays on Theology and Ethics* (Grand Rapids: Wm. B. Eerdmans, 1972), p. 193.
2. Rainer Maria Rilke, «Roman Fountain», *New Poems*, trad. Len Krisak (Suffolk, UK: Boydell & Brewer, 2015), pp. 125-26.

CAPÍTULO 6: PERMITE LAS TRANSICIONES

1. Robert C. Ruark, *Horn of the Hunter: The Story of an African Safari* (Huntington Beach, CA: Safari Press, 1996), pp. 2, 36.
2. Gerald G. May, *The Awakened Heart* (San Francisco: HarperOne, 1993), pp. 3-4.

CAPÍTULO 7: SAL

1. Robert M. Pirsig, *Zen and the Art of Motorcycle Maintenance: An Inquiry Into Values* (Nueva York: HarperCollins, 2006), p. 4 [*Zen y el arte del mantenimiento de la motocicleta: Una indagación sobre los valores* (Madrid: Editorial Sexto Piso, 2015)].
2. Neil E. Klepeis et al., «The National Human Activity Pattern Survey (NHAPS): A Resource for Assessing Exposure to Environmental Pollutants», *Journal of Exposure Analysis and Environmental Epidemiology* 11, no. 3 (mayo-junio 2001): pp. 231-52.
3. Gerard Manley Hopkins, «God's Grandeur», en *Poems and Prose* (Londres: Penguin Classics, 1985), p. 27, línea 1.
4. *Ibíd.*, p. 27, líneas 5-8.
5. *Ibíd.*, p. 27, líneas 9-14.
6. Helen Macdonald, *H Is for Hawk* (Nueva York: Grove Press, 2016), p. 3 [*H de halcón* (Barcelona: Ático de Libros, 2015)]..
7. *Ibíd.*, pp. 5-6.
8. *Ibíd.*, pp. 8-9.
9. Vincent van Gogh, «Letter to Emile Bernard, from St. Remy, Beginning of December, 1889», en *Letters of Vincent van Gogh*, ed. Mark Roskill (Londres: Penguin Group, 1996), p. 470.

10. Scott Yorko, «The Science of Why You Love the Wilderness», *Backpacker*, 14 junio 2017, https://www.backpacker.com/news-and-events/science-of-why-you-love-the-wilderness.

11. C. S. Lewis, *Miracles* (San Francisco: HarperOne, 2015), p. 266.

CAPÍTULO 8: RECUERDA A QUIÉN AMAS

1. Henry Van Dyke, «The Hymn of Joy» (1907).

CAPÍTULO 9: RINDE LA VIDA DEL YO

1. Dorothy Sayers, *The Other Six Deadly Sins* (Londres: Methuen and CO, 1943), pp. 19-20.

2. Alice G. Walton, «6 Ways Social Media Affects Our Mental Health», *Forbes*, 30 junio 2017, https://www.forbes.com/sites/alicegwalton/2017/06/30/a-run-down-of-social-medias-effects-on-our-mental-health.

3. Joel Stein, «How Trolls Are Ruining the Internet», *TIME*, 18 agosto 2016, http://time.com/4457110/internet-trolls/.

4. *Ibíd.*

5. Salmos 37.4; Proverbios 4:23.

6. C. S. Lewis, «Two Ways with the Self», en *God in the Dock* (Grand Rapids: Wm. B. Eerdmans, 2014), pp. 210-11.

7. C. S. Lewis, *The Voyage of the Dawn Treader* (San Francisco: HarperCollins, 1994), p. 92 [*La travesía del viajero del alba* (Nueva York: Rayo, 2005)].

8. Lewis, *La travesía del viajero del alba*, pp. 142-43.

9. George MacDonald, *Unspoken Sermons* (Londres: Alexander Strahan, 1867), pp. 366-67.

10. Sayers, *Other Six Deadly Sins*, p. 22.

CAPÍTULO 10: OCÚPATE DE LOS LUGARES DESCUIDADOS EN TU ALMA

1. Sociedad de Gestión de Recursos Humanos, «2016 Paid Leave in the Workplace», SHRM, 6 octubre 2016, https://www.shrm.org/hr-today/

trends-and-forecasting/research-and-surveys/pages/2016-paid-leave-in-the-workplace.aspx.
2. Mark Twain, *Chapters from My Autobiography* (Oxford: Benediction Classics, 2011), p. 24.
3. Aaron Reuben, «When PTSD Is Contagious», *Atlantic*, 14 diciembre 2015, https://www.theatlantic.com/health/archive/2015/12/ptsd-secondary-trauma/420282/.
4. Karyn Hall, «Self-Soothing: Calming the Amygdala and Reducing the Effects of Trauma», PsychCentral, 4 abril 2012, https://blogs.psychcentral.com/emotionally-sensitive/2012/04/self-soothing-calming-the-amgydala/.

CAPÍTULO 11: LOS DONES DE LA MEMORIA

1. Meister Eckhart, *Meditations with Meister Eckhart*, trad. y ed. Matthew Fox (Santa Fe, CA: Bear, 1983), p. 129.
2. C. Bushdid et al., «Humans Can Discriminate More Than 1 Trillion Olfactory Stimuli», *Science* 343, no. 6177 (marzo 2014): pp. 1370-72, http://doi.org/10.1126/science.1249168.
3. Jack Turner, *Teewinot: A Year in the Teton Range* (Nueva York: Thomas Dunne Books, 2000), pp. 140-41.

CAPÍTULO 12: CREE

1. George MacDonald, *Diary of an Old Soul* (Minneapolis: Augsburg Publishing, 1975), 3 de enero, líneas 1-4.
2. George MacDonald, «The Child in the Midst», en *Unspoken Sermons* (Londres: Alexander Strahan, 1867), pp. 24-25.
3. Jeanne Guyon, *Union with God* (Sargent, GA: SeedSowers, 1981), p. 1.

CAPÍTULO 13: LA VIDA OCULTA DE DIOS EN TI

1. Peter Wohlleben, *The Hidden Life of Trees: What They Feel, How They Communicate: Discoveries from a Secret World* (Munich: Ludvig Verlag, 2015), pp. 1-2.
2. Ibíd., pp. 15, 18.
3. Ibíd., pp. 8-10.

4. George MacDonald, *Unspoken Sermons* (Londres: Alexander Strahan, 1867), pp. 300-301.
5. Albertus Magnus, *On Union with God* (Nueva York: Continuum International, 2000), p. 9.

CAPÍTULO 14: LAS COSAS SIMPLES DE TODOS LOS DÍAS

1. Sarah Green Carmichael, «The Daily Routines of Geniuses», *Harvard Business Review*, 19 marzo 2014, https://hbr.org/2014/03/the-daily-routines-of-geniuses.
2. Nicholas Carr, *The Shallows: What the Internet Is Doing to Our Brains* (Nueva York: W. W. Norton & Company, 2011), p. 16 [*Superficiales: ¿qué está haciendo Internet con nuestras mentes?* (Barcelona: Debolsillo, 2018)].
3. Departamento de Transporte, Administración Federal de Carreteras, «County Road Miles: State by State», División de Investigación, Asociación Nacional de Condados (2008): pp. 1-2; Departamento de Transporte, Administración Federal de Carreteras, «Public Road Length— 2013: Miles by Functional System: Table HM-20, HM-10, HM-12, HM-15, VM-202», https://www.fhwa.dot.gov.
4. Dallas Willard, citado en John Ortberg, *Soul Keeping: Caring for the Most Important Part of You* (Grand Rapids: Zondervan, 2014), p. 20.
5. Annie Dillard, *Pilgrim at Tinker Creek* (Nueva York: HarperCollins, 2009), p. 17.
6. Ver *The Spirit of the Disciplines* de Dallas Willard y *Celebration of Discipline* de Richard Foster.

ACERCA DEL AUTOR

John Eldredge es el autor de muchos libros *best seller*, incluyendo *Salvaje de corazón* y *Cautivante* (con su esposa, Stasi). John también es el jefe de una comunidad llamada Ransomed Heart, una asociación que hace mucho para sanar los corazones y las vidas. Puedes conocer más sobre su trabajo en www.ransomedheart.com. En cuanto a John, probablemente esté en otro camino solitario, persiguiendo caballos salvajes, pescando con mosca, buscando a Jesús.